왕초보용 일본어 회화의 정수!

한정화의 독학
일본어 회화
첫걸음

개정판

왕초보용 한정화의 독학
일본어회화
첫걸음 개정판

2007년 9월 5일 초판 1쇄 발행
2024년 11월 15일 개정 1쇄 인쇄
2024년 11월 20일 개정 1쇄 발행

지은이 한정화
펴낸이 이규인
펴낸곳 국제어학연구소 출판부

출판등록 2010년 1월 18일 제302-2010-000006호
주소 서울특별시 마포구 대흥로4길 49, 1층(용강동 월명빌딩)
Tel (02) 704-0900 팩시밀리 (02) 703-5117
홈페이지 www.bookcamp.co.kr
e-mail changbook1@hanmail.net
ISBN 979-11-9875878-1 13730
정가 18,000원

왕초보용 · 일본어 회화의 정수!

한정화의 **독학**
일본어 회화
첫걸음

개정판

ILR 국제어학연구소

1부 왕초 보편 일본문자, 즉 ひらがな(히라가나), カタカナ(카따까나), 한자에 관해서 알아보고 간단히 주고받는 인사말을 통해 일본어에 자신감을 키울 수 있는 코너입니다.

2부 첫걸음편 일본어 공부가 본격적으로 시작되었습니다. 기본 Dialogue를 통해 기초적인 문형과 각종 학습 사항 등을 익히는 코너입니다. 코너별 학습 사항은 다음과 같습니다.

Dialogue

문장이 이루어지는 기본적인 문형을 시작으로 가장 기본적인 대화문입니다. 테마가 있으므로 재미있게 익히며 문형들을 정리해 봅니다.

새로 배우는 어휘

Dialogue에 나오는 기본 단어들을 공부하는 코너입니다. 탄탄한 문형만 있으면 단어는 든든한 백이 되겠죠.

스피드 학습

초보자가 기본 문형을 학습하는 데 필요한 문법들을 알기 쉽게 설명하였습니다. 지나치기 쉬운 사항들을 예문과 함께 꼼꼼히 짚어 가도록 하였습니다.

패턴 연습

Dialogue와 설명을 통해 익힌 표현들을 여러 각도에서 연습해 보는 코너입니다. 다양한 표현들을 익히는 데는 효과만점입니다.

막강한자

일본어 학습에 한자는 절대로 간과할 수 없는 부분입니다. 한자만 어느 정도 정복해도 일어학 학습이 반 이상 되었다고 해도 과언이 아닐 정도니까 말이죠. 조금씩 차근차근 익혀보도록 하겠습니다.

연습문제

듣기와 작문 문제를 통해 마지막으로 점검, 한과를 마무리하도록 하였습니다.

4

팁 이 책은 크게 세 파트로 나뉘어져 있습니다. 일본 문자에 관한 간략한 설명과 히라가나·가타카나 쓰기, 그리고 간단한 인사말을 배워보는 왕초보편, 일본어 구사에 필요한 기초적인 문형과 표현들을 배우는 첫걸음편, 학습한 첫걸음편을 토대로 일상생활의 여러 장면들을 실전 형식으로 배울 수 있는 회화편이 그것입니다. 첫걸음과 실전회화를 동시에 익힐 수 있다는 점이 이 책의 가장 큰 장점 중의 하나입니다.

3부 호호아편 일상생활의 다양한 장면을 설정, 많이 쓰이는 대화를 익히는 코너입니다.

Dialogue

한 장면을 설정, 그 장면에 많이 쓰이는 대화를 수록했습니다.

새로 배우는 어휘

Dialogue에 나오는 기본 단어들을 공부하는 코너입니다.

스피드 학습

회화구문이지만 학습에 무리가 없도록 해설을 덧붙였습니다.

패턴 연습

그 회화 장면에 많이 쓰이는 구문들에 대해 좀 더 알아보고 다양한 패턴을 익히는 코너입니다.

일본 바로 알기

언어를 익히려면 그 나라의 문화는 기본이겠죠. 일본에 관해 알아보면서 잠시나마 머리를 식힐 수 있는 기회를 가져보세요.

알아두면 유익한 어휘

각 분야별로 유익한 어휘들을 모아 간략하게나마 익힐 수 있는 코너입니다.

머리말

일본어는 한국인이 혼자 공부하기에 비교적 수월한 언어입니다. 우리와 같은 어순, 비슷한 언어구조에 한자를 사용하는 터라 쉽게 접근할 수 있기 때문일 것입니다. 또한 요즈음은 옛날과 달리 시험 과목이나 비즈니스 차원에서 억지로 언어를 배우는 시대도 아니고, 단순히 일본 영화가 좋다든지 만화를 읽고 싶다는 욕구에서도 언어 학습을 시작하기도 합니다. 공부 잘하는 모범생이 일본만화의 주인공 의상을 입기 위해 원단을 끊어다 직접 미싱을 돌리는 일도 심심찮게 볼 수 있고, 저 바다 건너 친구와의 대화를 위해 일본어를 공부하는 모습도 자연스럽습니다.

하지만 목표가 분명해도 역시 혼자서 공부한다는 것은 그리 쉬운 일이 아닙니다. 아무리 접근하기 쉬운 일본어도 외국어는 외국어이지요. 수많은 단어와 관용적인 표현들, 새로운 단어 만들어내기 좋아하는 일본어를 단숨에 따라잡기에는 참 숨차 보입니다. 지치지 않고 꾸준히 가는 것이 왕도인데 그러기에는 나한테 맞는 교재가 가장 중요합니다.

이 책은 초보자의 입장을 십분 고려하여, 학습자의 눈높이에 맞는 교재를 만들려 애썼습니다. 첫걸음을 내딛는데 무리가 없도록 쉽게 가되 간결하고 이해하기 쉬운 해설을 덧붙여 언어 학습에 자신감을 갖도록 노력하였습니다.

지치지 말고 꾸준히 가다보면 어느새 성큼 나아가 있는 자신을 발견하게 될 것입니다. 왜 「가랑비에 옷 젖는다」는 말도 있지 않습니까? 아무리 언어에 자신감도, 끈기도 없는 당신일지라도 포기하지 않고 갈 수 있도록 노력해 보십시오.

아무튼 세계화 시대를 살아가는 데 외국어 하나 제대로 할 수 있다는 것은 천군만마를 얻은 만큼 든든한 일이지 않을 수 없습니다. 그 첫걸음에 이 책이 함께 하게 된 걸 감사히 생각하며 소기의 목표를 꼭 달성하시길 빕니다. 아울러 이 책이 나오기까지 물심양면으로 애써주신 국제어학연구소 가족 여러분께도 진심으로 감사드립니다.

 차례

이 책의 구성　4
머리말　6
차례　7

1부 왕초보편

01 오십음도　14
02 일본어 발음　18
03 일본의 문자　43
04 인사말을 배워봅시다.　44

2부 첫걸음편

01 오래간만의 만남

まだ学生(がくせい)です。

아직 학생입니다.

Dialogue　48
새로 배우는 어휘　49
스피드 학습
~さん・お元気(げんき)ですか・
~は~です・~ではありません　50
패턴연습 / 막강한자　52
연습문제　53

02 자기소개

どうぞよろしく。

잘 부탁합니다.

Dialogue　54

새로 배우는 어휘　55
스피드 학습
はじめまして・~の・~で・인칭대명사・
~はい、そうです　56
패턴연습 / 막강한자　58
연습문제　59

03 차주인

この車(くるま)はあなたのですか。

이 차는 당신 것입니까?

Dialogue　60
새로 배우는 어휘　61
스피드 학습
~の・인칭대명사・~でしょう・
사물을 나타내는 지시대명사　62
패턴연습 / 막강한자　64
연습문제　65

04 화장실 찾기

あそこはトイレではありませんでした。

저기는 화장실이 아니었습니다.

Dialogue 66

새로 배우는 어휘 67

스피드 학습

すみません・장소를 나타내는 지시대명사・

でした/ではありませんでした・どういたしまして 68

패턴연습 / 막강한자 70

연습문제 71

05 동민 씨는 어디에…

食堂(しょくどう)もその建物(たてもの)

にありますか。

식당도 그 건물에 있습니까?

Dialogue 72

새로 배우는 어휘 73

스피드 학습

います・あります・なにが/なにか/

だれが/だれか・前(まえ) 74

패턴연습 / 막강한자 76

연습문제 77

06 여행소감 말하기

東京(とうきょう)はちょっと暑(あつ)いです。

동경은 좀 덥습니다.

Dialogue 78

새로 배우는 어휘 79

스피드 학습

형용사・형용사의 정중형・

형용사의 과거형・형용사의 명사 수식 80

패턴연습 / 막강한자 82

연습문제 83

07 카메라 사기

このデジカメはいくらですか。

이 디지털카메라는 얼마입니까?

Dialogue 84

새로 배우는 어휘 85

스피드 학습

숫자・いらっしゃいませ・いかがですか・~をください 86

패턴연습 / 막강한자 88

연습문제 89

08 맛집

このレストランはとてもきれいですね。

이 레스토랑은 정말 깨끗하군요.

Dialogue 90

새로 배우는 어휘 91

스피드 학습

명사형용사・명사형용사의 정중형・명사형용사의 부정형・

명사형용사의 그 밖의 활용 92

패턴연습 / 막강한자 94

연습문제 95

09 주말 보내기

一日中掃除(いちにちじゅうそうじ)をしました。

하루종일 청소를 했습니다.

Dialogue　96
새로 배우는 어휘　97
스피드 학습
동사/동사의 종류 · 동사의 정중형 ·
ます의 활용 · ~中　98
패턴연습 / 막강한자　100
연습문제　101

10 운전면허

運転免許(うんてんめんきょ)は取(と)りました
が、上手(じょうず)ではありません。
운전면허는 땄습니다만 잘하지는 못합니다.

Dialogue　102
새로 배우는 어휘　103
스피드 학습
~ができる · できる의 부정형/과거형 ·
少(すこ)しも · ~から　104
패턴연습 / 막강한자　106
연습문제　107

11 시험날짜

今度(こんど)の試験(しけん)は4月30日(しがつさん
じゅうにち)から5月2日(ごがつふつか)までです。
이번 시험은 4월 30일부터 5월 2일까지입니다.

Dialogue　108
새로 배우는 어휘　109
스피드 학습
월 · 일 · 요일 · ~から ~まで　110
패턴연습 / 막강한자　112
연습문제　113

12 힘든 공부

何時間(なんじかん)ぐらい勉強(べんきょう)
しますか。
몇 시간 정도 공부합니까?

Dialogue　114
새로 배우는 어휘　115
스피드 학습
시 · 분 · 때 · ~くらい　116
패턴연습 / 막강한자　118
연습문제　119

13 비디오 빌리기

お客様(きゃくさま)のお名前(なまえ)と電話番
号(でんわばんごう)を書(か)いてください。
손님의 성함과 전화번호를 써주십시오.

Dialogue　120
새로 배우는 어휘　121
스피드 학습
~てください · ~ないでください ·
~ないようにしてください · ~までに　122
패턴연습 / 막강한자　124
연습문제　125

14 여행

私(わたし)もどこか旅行(りょこう)に行(い)き
たいんです。
나도 어딘가 여행을 가고 싶습니다.

Dialogue　126
새로 배우는 어휘　127

스피드 학습

~がすきだ・~たい・~ことがすきだ・
~がきらいだ　128
패턴연습 / 막강한자　130
연습문제　131

15 지금 뭐하니!?

塾(じゅく)の先生(せんせい)をしています。

학원 선생을 하고 있습니다.

Dialogue　132
새로 배우는 어휘　133
스피드 학습

~ている・동작의 진행 /동작의 결과로 생긴 상태/
단순한 상태　134
패턴연습 / 막강한자　136
연습문제　137

3부 호호편

01 いい天気(てんき)ですね。

좋은 날씨군요.(일상인사)

Dialogue　140
새로 배우는 어휘　141
스피드 학습

こんにちは・そうですね・お元気(げんき)ですか・
いってらっしゃい　142
패턴연습　144
일본 바로 알기

인사는 날씨표현 몇 가지만 외워두면 만사가 든든!!　145
알아두면 유익한 어휘 날씨 표현　145

02 お久(ひさ)しぶりですね。

오래간만이군요.(안부)

Dialogue　146
새로 배우는 어휘　147
스피드 학습

そうです・まあまあです・お(ご)・
けっこうです　148
패턴연습　150
일본 바로 알기 가족이 힘이다!!　151
알아두면 유익한 어휘 가족　151

03 塩(しお)はどれですか。
소금은 어느 것입니까?(레스토랑)

Dialogue 152
새로 배우는 어휘 153
스피드 학습
お願(ねが)いします・すみません・
ください・
~にします 154
패턴연습 156
일본 바로 알기 음식 문화 157
알아두면 유익한 어휘 음식 157

04 出口(でぐち)はどこですか。
출구는 어디입니까?(지하철역)

Dialogue 158
새로 배우는 어휘 159
스피드 학습
ソウル駅(えき)・出口(でぐち)・では・
遺失物係(いしつぶつがかり) 160
패턴연습 162
일본 바로 알기 신칸선의 이름들 163
알아두면 유익한 어휘 교통 163

05 部屋(へや)には何(なに)がありますか。
방에는 무엇이 있습니까?(집 구하기)

Dialogue 164
새로 배우는 어휘 165
스피드 학습

~屋(や)・~や・~も・~人(にん) 166
패턴연습 168
일본 바로 알기
집 구할 때 알아두면 유익한 상식 169
알아두면 유익한 어휘 집 구하기 169

06 甘(あま)くておいしいです。
달고 맛있습니다.(수퍼마켓)

Dialogue 170
새로 배우는 어휘 171
스피드 학습
いくらですか・~くて・もっ・と・~より 172
패턴연습 174
일본 바로 알기 소포장 문화가 발달한 일본 175
알아두면 유익한 어휘 야채·과일 175

07 きれいでおいしい食堂(しょくどう)として有
名(ゆうめい)です。
깨끗하고 맛있는 식당으로 유명합니다.
(식사 제의)

Dialogue 176
새로 배우는 어휘 177
스피드 학습
~として・~ましょう・~に・~の中(なか)で 178
패턴연습 180
일본 바로 알기
더치페이 아니 割(わ)り勘(かん)(각자부담) 181
알아두면 유익한 어휘 식사 181

08 雰囲気(ふんいき)はよかったです。
분위기는 좋았습니다.(데이트)

Dialogue 182
새로 배우는 어휘 183
스피드 학습
형용사의 과거형 · どうでしたか ·
형용사의 과거부정 · 塾(じゅく) 184
패턴연습 186
일본 바로 알기
요즈음은 데이트도 상대가 누구냐가 관건!! 187
알아두면 유익한 어휘 직업 187

09 日本(にほん)はどんな国(くに)でしたか。
일본은 어떤 나라였습니까?(여행)

Dialogue 188
새로 배우는 어휘 189
스피드 학습
なかなか · 명사형용사의 과거형 ·
~物(もの) · あまり 190
패턴연습 192
일본 바로 알기 일본, 일본인, 일본문화 193
알아두면 유익한 어휘 여행 193

10 いまはだれもいません。
지금은 아무도 없습니다.(방문)

Dialogue 194
새로 배우는 어휘 195
스피드 학습
いらっしゃい · だれか/だれも · 何人家族
(なんにんかぞく) · ~匹(ひき) 196
패턴연습 198
일본 바로 알기
상대방을 위한 배려, 배려 또 배려!!! 199
알아두면 유익한 어휘 초대 · 방문 199

책속의 부록

1. 동사의 활용 200
2. 동사활용표 203
3. 형용사 활용표 204
4. 명사형용사 활용표 204
5. 속담 · 관용어구 205
6. 일본어 펜맨십(히라가나, 가타카나) 209

1부

왕초보편

일본어를 처음 배우시는 여러분들을 위하여 일본어의 문자에는 어떤 것들이 있는지 간단하게 짚어보고 그 글자들을 차근차근 익혀보도록 하겠습니다. 그래도 첫 스타트이니 간단한 인사말 정도는 익혀야겠죠!! 자, 기운내시고 기분 좋게 시작해 보세요.

구성

•오십음도•일본어 발음•일본의 문자•인사말을 배워봅시다

01 오십음도

히라가나	あ행	か행	さ행	た행	な행
あ단	あ 아[a] あし 발, 다리	か 카[ka] かさ 우산	さ 사[sa] さら 접시	た 타[ta] たまご 알	な 나[na] なつ 여름
い단	い 이[i] いす 의자	き 키[ki] き 나무	し 시[si] しんぶん 신문	ち 치[chi] ちち 아빠	に 니[ni] にく 고기
う단	う 우[u] うで 팔	く 쿠[ku] くつ 구두	す 스[su] くすり 약	つ 츠[tsu] つくえ 책상	ぬ 누[nu] いぬ 개
え단	え 에[e] えび 새우	け 케[ke] けしゴム 지우개	せ 세[se] せんせい 선생님	て 테[te] て 손	ね 네[ne] ねこ 고양이
お단	お 오[o] おちゃ 차(녹차)	こ 코[ko] こむぎ 밀	そ 소[so] そつぎょう 졸업	と 토[to] とら 호랑이	の 노[no] のこ 톱

오십음도란 가나(かな)를 일정한 순서에 따라 5자씩 10줄로 배열한 표를 말하는데 가로줄은 행(行), 세로줄
은 단(段)을 나타냅니다. 물론 그 배열을 바꿔서 나타낼 수도 있습니다.

は행	ま행	や행	ら행	わ행	ん행
は 하[ha] はな 꽃	ま 마[ma] まど 창	や 야[ya] やま 산	ら 라[ra] からす 까마귀	わ 와[wa] わらい 웃음	ん 응[ŋ] でんわ 전화
ひ 히[hi] ひ 불	み 미[mi] みみ 귀		り 리[ri] りす 다람쥐		
ふ 후[hu] ふゆ 겨울	む 무[mu] むすこ 아들	ゆ 유[yu] ゆび 손가락	る 루[ru] くるま 자동차		
へ 헤[he] へや 방	め 메[me] め 눈		れ 레[re] れいぞうこ 냉장고		
ほ 호[ho] ほん 책	も 모[mo] もも 복숭아	よ 요[yo] よる 밤	ろ 로[ro] せびろ 신사복	を 오[wo] 조사	

일본어의 음은 크게 모음, 자음, 반모음 등으로 나뉘어져 있으며 이를 발음상으로 다시 구분하면 청음, 탁음, 반탁음, 요음, 발음, 장음으로 나뉩니다.

모음:
あ행(あ·い·う·え·お)
반모음:
や행, わ(や·ゆ·よ·わ)
자음:
모음과 반모음을 뺀 나머지

가타카나	ア행	カ행	サ행	タ행	ナ행
ア단	ア 아[a] アイロン 다리미	カ 카[ka] カクテル 칵테일	サ 사[sa] サッカー 축구	タ 타[ta] ダイビング 다이빙	ナ 나[na] ナース 간호사
イ단	イ 이[i] インク 잉크	キ 키[ki] キリン 기린	シ 시[si] システム 시스템	チ 치[chi] チェーン 체인	ニ 니[ni] テニス 테니스
ウ단	ウ 우[u] ウイスキー 위스키	ク 쿠[ku] クッション 쿠션	ス 스[su] スピーカー 스피커	ツ 츠[tsu] ツーピース 투피스	ヌ 누[nu] ヌー 누
エ단	エ 에[e] エアコン 에어컨	ケ 케[ke] ケーキ 케이크	セ 세[se] セーター 스웨터	テ 테[te] テレビ 텔레비전	ネ 네[ne] ネクタイ 넥타이
オ단	オ 오[o] オレンジ 오렌지	コ 코[ko] コンピューター 컴퓨터	ソ 소[so] ソファー 쇼파	ト 토[to] トースター 토스터	ノ 노[no] ノート 노트

ハ행	マ행	ヤ행	ラ행	ワ행	ン행
ハ 하[ha]	マ 마[ma]	ヤ 야[ya]	ラ 라[ra]	ワ 와[wa]	ン 응[ŋ]
ハム 햄	マイク 마이크	ヤング 어린, 젊은	ライター 라이터	ワイン 와인	レーンコート 레인코트
ヒ 히[hi]	ミ 미[mi]		リ 리[ri]		
ハイヒール 하이힐	ミルク 우유		リボン 리본		
フ 후[hu]	ム 무[mu]	ユ 유[yu]	ル 루[ru]		
フライパン 프라이팬	けしゴム 지우개	ユーターン 유턴	ルーム 룸, 방		
ヘ 헤[he]	メ 메[me]		レ 레[re]		
ヘアバンド 헤어밴드	メロン 멜론		レモン 레몬		
ホ 호[ho]	モ 모[mo]	ヨ 요[yo]	ロ 로[ro]	ヲ 오[wo]	
ホット 뜨거움	コスモス 코스모스	ヨット 요트	ロボット 로봇	조사	

02 일본어 발음

청음

오십음도 상의 가나(かな)처럼 글자 옆에 「ˋ」나 「ˮ」 표시가 없는 깨끗한 글자를 말합니다.
발음은 성대를 울리지 말고 그대로 발음하면 됩니다.

우리말의 「아·이·우·에·오」와 같으며 「우」를 발음할 때는 「으」와 「우」의 중간 정도가 되게 하되 입술을 너무 내밀지 말고 발음하도록 합니다.
정확히 또박또박 발음하도록 합니다.

あ	い	う	え	お
[a] 아	[i] 이	[u] 우	[e] 에	[o] 오

예 **あう** 만나다　**いう** 말하다　**うお** 물고기　**え** 그림　**おい** 조카

◆ 쓸 때는 이런 점에 주의하세요.

い : 서로 마주보고 대칭이 되게 예쁘게 씁니다. 오른쪽이 길어지면 자칫 「り(리)」자로 보일 수도 있습니다.

う : 위의 획과 맞닿지 않도록 주의합니다.

	필순	쓰기 연습						
あ 아	ー ナ あ	あ	あ					
い 이	し い	い	い					
う 우	ヽ う	う	う					
え 에	ヽ え	え	え					
お 오	ー お お	お	お					

ア 행

정확히 또박또박 발음하도록 합니다.
특히 장음 발음은 확실히 해 주세요.

ア	イ	ウ	エ	オ
[a] 아	[i] 이	[u] 우	[e] 에	[o] 오

예 **アイロン** 다리미　　**インク** 잉크　　**ウィーク** 주
　　エスキモー 에스키모　　**オイル** 오일, 석유

アイロン (아이롱)
다리미

インク (잉꾸)
잉크

エスキモー (에스끼모-)
에스키모

◆ 쓸 때는 이런 점에 주의하세요.

ア: 두 번째 획을 주의하며 씁니다.

	필순	쓰기 연습				
ア 아	ﾌ ア	ア	ア			
イ 이	ノ イ	イ	イ			
ウ 우	｀ ｀ ウ	ウ	ウ			
エ 에	ー T エ	エ	エ			
オ 오	ー ナ オ	オ	オ			

か행

자음 「ㄱ」과 「ㅋ」의 중간음 정도로 발음합니다. 하지만 첫소리는 우리가 「가·기·구·게·고」로 발음해도 일본인에게는 「카·키·쿠·케·코」로 들립니다. 단어 중간이나 끝에 올 때는 「ㄲ」에 가깝게 「까·끼·꾸·께·꼬」로 발음해야 합니다.

이 책에서는 첫소리 「카·키·쿠·케·코」는 탁음과 구분하기 위해 「카·키·쿠·케·코」로 표기하겠습니다.

정확히 또박또박 발음하도록 합니다.

か	き	く	け	こ
[ka] 카	[ki] 키	[ku] 쿠	[ke] 케	[ko] 코

예 **かく** 쓰다　　**きおく** 기억　　**くいき** 구역
けいかく 계획　　**こうかい** 후회

◆ 쓸 때는 이런 점에 주의하세요.

　こ : 또박또박 쓰도록 합니다.

	필순	쓰기 연습					
か 카	つ か か	か	か				
き 키	ー = キ き	き	き				
く 쿠	く	く	く				
け 케	l l- け	け	け				
こ 코	ー こ	こ	こ				

カ행

정확히 또박또박 발음하도록 합니다.

カ	キ	ク	ケ	コ
[ka] 카	[ki] 키	[ku] 쿠	[ke] 케	[ko] 코

예　**カカオ** 카카오　　　**キー** 열쇠　　　**クレヨン** 크레용

　　ケニヤ 케냐　　　**コーヒー** 커피

クレヨン (쿠레용)
크레용

クッション (쿳숑)
쿠션

ケーキ (케-끼)
케이크

◆ 쓸 때는 이런 점에 주의하세요.

　コ : 획이 밖으로 빠져나오지 않도록 주의합니다.

	필순	쓰기 연습					
カ 카	フカ	カ	カ				
キ 키	一二キ	キ	キ				
ク 쿠	ノク	ク	ク				
ケ 케	ノ⟵ケ	ケ	ケ				
コ 코	フコ	コ	コ				

우리말의 「사·시·스·세·소」와 같으며 「스」를 발음할 때는 「스」와 「수」의 중간 정도가 되게 발음합니다. 「し」의 경우, 너무「쉬」처럼 발음되지 않도록 주의하여야 하며 「す」가 단어 맨 끝에 올 때는 그냥 자연스럽게 「す」(스)로 발음하면 됩니다.

정확히 또박또박 발음하도록 합니다.

さ	し	す	せ	そ
[sa] 사	[si] 시	[su] 스	[se] 세	[so] 소

예 さいあく 최악   したく 준비   すえ 끝, 마지막
    せんせい 선생님   そうさく 창작

◆ 쓸 때는 이런 점에 주의하세요.

  し : 카따까나(カタカナ)의 「レ(레)」자와 혼동되기 쉬우니 주의하도록 합니다.

	필순	쓰기 연습					
さ 사	一ナさ	さ	さ				
し 시	し	し	し				
す 스	一す	す	す				
せ 세	一ナせ	せ	せ				
そ 소	そ	そ	そ				

정확히 또박또박 발음하도록 합니다.

サ [sa] 사 　シ [si] 시 　ス [su] 스 　セ [se] 세 　ソ [so] 소

예　サーカス 서커스　システム 시스템　スイス 스위스
　　セメント 시멘트　ソース 소스

サッカー (삿까-)
축구

システム (시스떼무)
시스템

ソファー (소화-)
쇼파

◆ 쓸 때는 이런 점에 주의하세요.

　ソ : 「ン(응)」자와 비슷하니 혼동하지 않도록 유의합니다.

	필순	쓰기 연습					
サ 사	一 十 サ	サ	サ				
シ 시	ヾ ゛ シ	シ	シ				
ス 스	フ ス	ス	ス				
セ 세	⁻ セ	セ	セ				
ソ 소	ヽ ソ	ソ	ソ				

23

た행

か행과 마찬가지로 첫소리는 「타·치·츠·테·토」로 발음하고, 단어 중간이나 끝에 올 때는 「따·찌·쯔·떼·또」로 발음합니다. 특히 「つ」발음에 유의해야 하는데 외국인의 정확한 발음을 듣고 똑같이 따라할 수 있도록 연습하도록 합니다.
ち : 우리말의 「찌」에 가깝게 발음합니다.
つ : 혀끝을 잇몸에 댔다가 떼면서 「츠」와 「쯔」의 중간 정도로 발음합니다.
정확히 또박또박 발음하도록 합니다.

た	ち	つ	て	と
[ta] 타	[chi] 치	[tsu] 츠	[te] 테	[to] 토

예 たいそう 체조   ちこく 지각   つり 낚시
ていねい 친절함, 정중함   とち 토지, 땅

◆ 쓸 때는 이런 점에 주의하세요.

と : 첫획을 바르게 쓰도록 주의합니다.

	필순	쓰기 연습					
た 타	⁻ ナ ナ⁻ た	た	た				
ち 치	⁻ ち	ち	ち				
つ 츠	つ	つ	つ				
て 테	て	て	て				
と 토	` と	と	と				

24

タ행 정확히 또박또박 발음하도록 합니다.

タ	チ	ツ	テ	ト
[ta] 타	[chi] 치	[tsu] 츠	[te] 테	[to] 토

예 **タクシー** 택시　　　**チキン** 치킨　　　**ツアー** 투어
　　テント 텐트　　　**トマト** 토마토

タンバリン (탐바링)
탬버린

ツイスト (츠이스또)
트위스트

トマト (토마또)
토마토

◆ 쓸 때는 이런 점에 주의하세요.

ツ: サ행의 「シ(시)」자와 혼동되지 않도록 주의합니다.

필순		쓰기 연습					
タ 타	ノ ク タ	タ	タ				
チ 치	ㅗ ニ チ	チ	チ				
ツ 츠	` `` ツ	ツ	ツ				
テ 테	一 二 テ	テ	テ				
ト 토	｜ ト	ト	ト				

우리말의 「나·니·누·네·노」로 발음하되 「ぬ」는 너무 입술을 내밀지 말고 「느」와 「누」의 중간 정도로 발음합니다.
정확히 또박또박 발음하도록 합니다.

な	に	ぬ	ね	の
[na] 나	[ni] 니	[nu] 누	[ne] 네	[no] 노

예 **なみ** 파도　　**にく** 고기　　　**ぬう** 꿰매다
ねこ 고양이　　**のむ** 마시다

なつ(나쯔)
여름

にわ(니와)
정원(뜰)

ねこ(네꼬)
고양이

◆ 쓸 때는 이런 점에 주의하세요.

ぬ: ま행의 「め(메)」자와 혼동하지 않도록 주의합니다.
ね: ら행의 「れ(레)」자와 혼동하지 않도록 주의합니다.

	필순	쓰기 연습					
な 나	ー ナ ナ な	な	な				
に 니	I I に	に	に				
ぬ 누	\ ぬ	ぬ	ぬ				
ね 네	I ね	ね	ね				
の 노	の	の	の				

ナ행

정확히 또박또박 발음하도록 합니다.

ナ	ニ	ヌ	ネ	ノ
[na] 나	[ni] 니	[nu] 누	[ne] 네	[no] 노

예 ナイト 밤, 야간   ニコチン 니코틴   ヌー 누

ネール 네일, 손톱   ノーハウ 노하우

ナース(나-스)
간호사

ネクタイ (네꾸따이)
넥타이

ノート(노-또)
노트

◆ 쓸 때는 이런 점에 주의하세요.

ヌ : サ행의 「ス(스)」자와 혼동되지 않도록 주의합니다.

필순		쓰기 연습					
ナ 나	一 ナ ナ	ナ	ナ				
ニ 니	一 二	二	二				
ヌ 누	フ ヌ	ヌ	ヌ				
ネ 네	` ラ オ ネ	ネ	ネ				
ノ 노	ノ	ノ	ノ				

は행

우리말의 「하·히·후·헤·호」로 「ㅎ」음을 다소 세게 발음하며, 「ふ」는 우리말의 「흐」와 「후」의 중간 정도로 발음합니다.

は	ひ	ふ	へ	ほ
[ha] 하	[hi] 히	[hu] 후	[he] 헤	[ho] 호

예 **はは** 나의 어머니　　**ひも** 끈　　**ふうふ** 부부
　へや 방　　**ほん** 책

はな(하나)
꽃

ふね(후네)
배

へや(헤야)
방

◆ 쓸 때는 이런 점에 주의하세요.

	필순	쓰기 연습					
は 하	い ー は	は	は				
ひ 히	ひ	ひ	ひ				
ふ 후	ふ ふ ふ	ふ	ふ				
へ 헤	へ	へ	へ				
ほ 호	い ー に ほ	ほ	ほ				

ハ행

정확히 또박또박 발음하도록 합니다.

ハ	ヒ	フ	ヘ	ホ
[ha] 하	[hi] 히	[hu] 후	[he] 헤	[ho] 호

예 ハーフ 중간   ヒステリー 히스테리   フィルム 필름

ヘラクレス 헤라클레스   ホーム 홈, 가정, 고향

パイロット (파이롯-또)   ヘアバンド (헤아-반도)   ポリス (포리스)
조종사   헤어밴드   경찰

◆ 쓸 때는 이런 점에 주의하세요.

ホ: 한자의 「木(목)」자로 보이지 않도록 주의합니다.

	필순	쓰기 연습					
ハ 하	ノ ハ	ハ	ハ				
ヒ 히	ー ヒ	ヒ	ヒ				
フ 후	フ	フ	フ				
ヘ 헤	ヘ	ヘ	ヘ				
ホ 호	ー 十 才 ホ	ホ	ホ				

ま_행

우리말의 「마·미·무·메·모」로 발음합니다.

ま	み	む	め	も
[ma] 마	[mi] 미	[mu] 무	[me] 메	[mo] 모

예 **まど** 창문　　**みち** 길　　　**むすめ** 나의 딸
　　めいし 명함　　**もち** 떡

まど(마도)
창문

むすこ(무스꼬)
아들

もも(모모)
복숭아

◆ 쓸 때는 이런 점에 주의하세요.

む: あ행의 「お(오)」자와 혼동하지 않도록 주의합니다.
め: な행의 「ぬ(누)」자와 혼동하지 않도록 주의합니다.
も: 필순에 유의하여 쓰도록 합니다.

	필순	쓰기 연습					
ま 마	ー=ま	ま	ま				
み 미	みみ	み	み				
む 무	ーむむ	む	む				
め 메	\め	め	め				
も 모	しもも	も	も				

30

マ행

정확히 또박또박 발음하도록 합니다.

マ	ミ	ム	メ	モ
[ma] 마	[mi] 미	[mu] 무	[me] 메	[mo] 모

예 **マニア** 마니아　　**ミルク** 우유　　**ムービー** 영화
　メニュー 메뉴　　**モスクワ** 모스크바

ミルク (미르꾸)
우유

けしゴム (케시고무)
지우개

メガホン (메가홍)
메가폰

◆ 쓸 때는 이런 점에 주의하세요.

メ : ナ행의 「ヌ(누)」자와 혼동되지 않도록 주의합니다.

	필순	쓰기 연습					
マ 마	フ マ	マ	マ				
ミ 미	` `` ミ	ミ	ミ				
ム 무	∠ ム	ム	ム				
メ 메	ノ メ	メ	メ				
モ 모	ー ニ モ	モ	モ				

행

우리말의 「야·유·요」로 발음합니다.

정확히 또박또박 발음하도록 합니다.

や : 너무 입술을 내밀지 말고 발음하도록 합니다.

よ : 입술을 내밀지 말고 발음합니다.

や	ゆ	よ
[ya] 야	[yu] 유	[yo] 요

예 **やきにく** 불고기　　**ゆうき** 용기　　**ようび** 요일

やま(야마)　　　ゆび(유비)　　　ようふく(요-후꾸)
산　　　　　손가락　　　　양복

◆ 쓸 때는 이런 점에 주의하세요.

や: 필순에 주의하며 쓰도록 합니다.

	필순	쓰기 연습					
や 야	つ つ や	や	や				
ゆ 유	ㅣ ゆ	ゆ	ゆ				
よ 요	ㅜ よ	よ	よ				

ヤ 행

정확히 또박또박 발음하도록 합니다.

ヤ	ユ	ヨ
[ya] 야	[yu] 유	[yo] 요

예 **ヤード** 야드   **ユーモラス** 유머러스   **ヨガ** 요가

ヤング(양구)
어린, 젊은

ユニホーム (유니호-무)
유니폼

ヨット (욧또)
요트

◆ 쓸 때는 이런 점에 주의하세요.

　ユ : カ행의 「ㄱ(코)」자와 혼동되지 않도록 주의합니다.

필순		쓰기 연습					
ヤ 야	⁷ヤ	ヤ	ヤ				
ユ 유	フユ	ユ	ユ				
ヨ 요	⁷ヲヨ	ヨ	ヨ				

ら행

우리말의 「라・리・루・레・로」로 발음하되 영어의 「r」음처럼 혀를 굴리지 않도록 주의합니다.

정확히 또박또박 발음하도록 합니다.

ら	り	る	れ	ろ
[ra] 라	[ri] 리	[ru] 루	[re] 레	[ro] 로

예   **からす** 까마귀   **りえき** 이익   **るいじ** 유사
　　 れいとう 냉동   **ろくおん** 녹음

りす(리스)
다람쥐

くるま(쿠루마)
자동차

◆ 쓸 때는 이런 점에 주의하세요.

り: あ행의 「い(이)」자와 혼동되기 쉬우므로 두 번째 획을 길게 씁니다.
る: ら행의 「ろ(로)」자와 혼동하지 않도록 주의합니다.
れ: な행의 「ね(네)」자와 혼동하지 않도록 주의합니다.

	필순	쓰기 연습					
ら 라	ら	ら	ら				
り 리	り	り	り				
る 루	る	る	る				
れ 레	れ	れ	れ				
ろ 로	ろ	ろ	ろ				

정확히 또박또박 발음하도록 합니다.

ラ	リ	ル	レ	ロ
[ra] 라	[ri] 리	[ru] 루	[re] 레	[ro] 로

예 ラケット 라켓　　　リポート 리포트　　　ルール 룰
　 レモン 레몬　　　　ロシア 러시아

ラジオ(라지오)
라디오

ルーム(루-무)
방

ロボット(로봇또)
로봇

◆ 쓸 때는 이런 점에 주의하세요.

　レ : さ행의 「し(시)」자와 혼동되지 않도록 주의합니다.

	필순	쓰기 연습				
ラ 라	ー ラ	ラ	ラ			
リ 리	l リ	リ	リ			
ル 루	ノ ル	ル	ル			
レ 레	レ	レ	レ			
ロ 로	l ロ ロ	ロ	ロ			

わ행/ん

우리말의 「와 · 오 · 응」으로 발음합니다. 여기서의 「を」는 조사로만 쓰이며, 「ん」
은 발음편에서 자세히 설명하기로 하겠습니다.
정확히 또박또박 발음하도록 합니다.

わ	を	ん
[wa] 와	[wo] 오	[ŋ] 응

🔊 **わに** 악어　　**これを** 이것을　　**のんき** 무사태평

わらい (와라이)
웃음

わく (와꾸)
테두리

でんわ (뎅와)
전화

◆ 쓸 때는 이런 점에 주의하세요.

わ: な행의 「ね(네)」, ら행의 「れ(레)」자와 혼동하지 않도록 주의합니다.

	필순	쓰기 연습					
わ 와	ㅣ わ	わ	わ				
を 오	一 ナ を	を	を				
ん 응	ん	ん	ん				

ワ행/ン

정확히 또박또박 발음하도록 합니다.

ワ	ヲ	ン
[wa] 와	[wo] 오	[ŋ] 응

예 **ワイヤ** 와이어   **ワイン** 와인

ワイン(와인)	ピン(핑)	レーンコート(레-ㄴ코-또)
와인	바늘	레인코트

◆ 쓸 때는 이런 점에 주의하세요.

　ン：サ행의 「ソ(소)」자와 혼동되지 않도록 주의합니다.

		필순	쓰기 연습				
ワ 와	ノ ワ	ワ	ワ				
ヲ 오	フ ヲ	ヲ	ヲ				
ン 응	丶 ン	ン	ン				

탁음

글자 옆에 「ﾞ」표시가 붙은 글자로 말 그대로 성대를 울려 탁하게 발음합니다. 우리나라에는 없는 음이므로 발음하기가 까다롭습니다.

● 발음 포인트

앞에 '으' 를 넣어 연습해 보세요.

> 으가 으가 "가"
> 으기 으기 "기"

が행	が [ga]	ぎ [gi]	ぐ [gu]	げ [ge]	ご [go]	ガ행	ガ [ga]	ギ [gi]	グ [gu]	ゲ [ge]	ゴ [go]

예 がくもん　학문
かぎ　열쇠

ガイド　가이드
ゲーム　게임

ざ행	ざ [za]	じ [zi]	ず [zu]	ぜ [ze]	ぞ [zo]	ザ행	ザ [za]	ジ [zi]	ズ [zu]	ゲ [ze]	ゴ [zo]

예 じこ　사고
すずめ　참새

ザイル　등산용 로프
ズボン　바지

だ행	だ [da]	ぢ [zi]	づ [zu]	で [de]	ど [do]	ダ행	ダ [da]	ヂ [zi]	ヅ [zu]	デ [de]	ド [do]

예 だれ　누구
まど　창문

ダンス　댄스, 춤
デート　데이트

ば행	ば [ba]	び [bi]	ぶ [bu]	べ [be]	ぼ [bo]	バ행	バ [ba]	ビ [bi]	ブ [bu]	ベ [be]	ボ [bo]

예 ばか　바보
ぶどう　포도

ビル　빌딩
リボン　리본

반탁음

글자에「゜」표시가 붙은 글자로,「は」행에 붙습니다.「ㅍ」과「ㅃ」의 중간 정도 소리가 납니다.

●발음포인트

첫소리는「파・피・푸・페・포」로 발음하고, 단어 중간이나 끝에 올 때는「빠・삐・뿌・뻬・뽀」로 발음합니다.

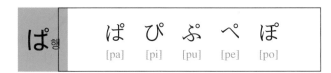

ぱ행	ぱ	ぴ	ぷ	ぺ	ぽ
	[pa]	[pi]	[pu]	[pe]	[po]

예 はっぱ   잎사귀   ぴかぴか   반짝반짝
    ぷかぷか   뻐끔뻐끔   ぺこぺこ   배가 고픈 모양
    たんぽぽ   민들레

パ행	パ	ピ	プ	ペ	ポ
	[pa]	[pi]	[pu]	[pe]	[po]

예 パラソル   파라솔   ピアノ   피아노
    プール   풀, 풀장   ポスト   포스트
    ピンポン   탁구

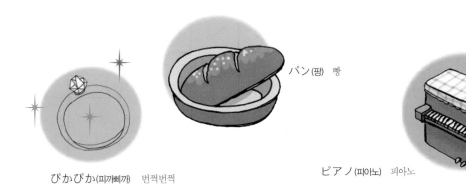

パン(팡) 빵

ぴかぴか(피까삐까) 번쩍번쩍

ピアノ(피아노) 피아노

39

요음

「き・し・ち・に・ひ・み・り」 옆에 「や・ゆ・よ」를 작게 써서 한 음절로 발음합니다.

きゃ kya	きゅ kyu	きょ kyo	キャ kya	キュ kyu	キョ kyo
しゃ sya	しゅ syu	しょ syo	シャ sya	シュ syu	ショ syo
ちゃ cha	ちゅ chu	ちょ cho	チャ cha	チュ chu	チョ cho
にゃ nya	にゅ nyu	にょ nyo	ニャ nya	ニュ nyu	ニョ nyo
ひゃ hya	ひゅ hyu	ひょ hyo	ヒャ hya	ヒュ hyu	ヒョ hyo
みゃ mya	みゅ myu	みょ myo	ミャ mya	ミュ myu	ミョ myo
りゃ rya	りゅ ryu	りょ ryo	リャ rya	リュ ryu	リョ ryo
ぎゃ gya	ぎゅ gyu	ぎょ gyo	ギャ gya	ギュ gyu	ギョ gyo
じゃ zya	じゅ zyu	じょ zyo	ジャ zya	ジュ zyu	ジョ zyo
びゃ bya	びゅ byu	びょ byo	ビャ bya	ビュ byu	ビョ byo
ぴゃ pya	ぴゅ pyu	ぴょ pyo	ピャ pya	ピュ pyu	ピョ pyo

예 きゅうか 휴가　　きょり 거리　　シャワー 샤워　　シューズ 신발
きんぎょ 금붕어　　おじゃま 실례　　チョコレート 초콜릿　　ジョギング 조깅

おちゃ (오쨔)
차 (녹차)

コンピューター (콤쀼-따-)
컴퓨터

そつぎょう (소쯔교-)
졸업

촉음

글자와 글자 사이에 작은 「っ」로 표시하며, 우리말의 받침과 같은 구실을 합니다.

① ㄱ받침 → 「っ」 + か행

    예 がっこう [각꼬-] 학교   けっきょく [켁꾜꾸] 결국

② ㅅ받침 → 「っ」 + さ행

    예 ざっし [잣시] 잡지   さっそく [삿소꾸] 즉시

③ ㄷ받침 → 「っ」 + た행

    예 きって [킫떼] 우표   まったく [맏따꾸] 완전히

④ ㅂ받침 → 「っ」 + ぱ행

    예 いっぱい [입빠이] 가득   いっぽん [입뽕] 한 자루

＊단 한글 독음은 편의상 「ㅅ」 받침으로 통일하겠습니다.

장음

「あ・い・う・え」단의 경우는 「あ・い・う・え」를 써서, 「お」단의 경우에는 「お」나 「う」를 써서 길게 발음해 줍니다.

- 「あ」단   예 おかあさん [오까-상]   어머니   おじいさん [오지-상]   할아버지
- 「い」단   예 おにいさん [오니-상]   형님   おおきい [오-끼이]   크다
- 「う」단   예 すうがく [스-가꾸]   수학   ゆうべ [유-베]   저녁
- 「え」단   예 おねえさん [오네-상]   언니, 누나   せんせい [센세-]   선생님
- 「お」단   예 おとうさん [오또-상]   아버지   りょこう [료꼬-]   여행

발음

「ん」 발음이 다른 음의 영향을 받아 「ㄴ, ㅁ, ㅇ」 등으로 들리는 현상을 말한다.

① 「ん」+「か・が」행으로 끝날 때 → ㅇ음으로 발음한다.

   예 おんがく [옹가꾸] 음악   べんきょう [벵꾜-] 공부

② 「ん」+「さ・ざ・た・だ・な・ら」행으로 끝날 때 → ㄴ음으로 발음한다.

   예 しんせつ [신세쯔] 친절   せんたく [센따꾸] 세탁

③ 「ん」+「ま・ば・ぱ」행으로 끝날 때 → ㅁ음으로 발음한다.

   예 さんま [삼마] 꽁치   しんぶん [심붕] 신문

④ 「ん」+「あ・や・わ・は」행으로 끝날 때 → ㄴ과 ㅇ의 중간음으로 발음한다.

   예 れんあい [렝아이] 연애   でんわ [뎅와] 전화

주의해서 발음해야 할 조사

- 「は」→「わ」로 발음   예 あなたは [아나따하] → [아나따와]
- 「へ」→「え」로 발음   예 あそこへ [아소꼬헤] → [아소꼬에]
- 「を」→「お」로 발음   예 これを [코레외] → [코레외]

묵음

말 그대로 글자는 있되 발음이 되지 않는 소리입니다. 주로 「か」행 뒤에 「さ」행이 올 경우에 생깁니다.

- がくせい [가꾸세-] → [각세-]   u모음이 발음되지 않습니다.

일본의 문자

일본어는 ひらがな(히라가나), カタカナ(가타카나), 한자(漢字) 등의 3종류의 글자를 써서 나타
냅니다. 보통은 ひらがな에 한자를 섞어 써서 나타내는데 외래어나 의성어·의태어 등의 특수한
경우에 한해서 カタカナ를 사용하기도 합니다.

1) ひらがな(히라가나)

일본어의 기본글자인 이 ひらがな(히라가나)는 옛날 평안(平安)시대의 귀족 여성들이 한자의
초서체를 간략하게 축소시켜 만든 아주 쉬운 글자를 말합니다.
옛날에는 주로 여성들만 사용했다 하여 여성글자라 불려지기도 했지만 오늘날에는 전 영역에 두
루두루 광범위하게 쓰이는 일반적인 기본문자라 하겠습니다.

2) カタカナ(가타카나)

カタカナ(가타카나)란 옛 승려들이 불전을 표기할 때에 한자의 획 일부분만을 따서 간략하게
약식기호로 만들어낸 데서 비롯되었다고 합니다.
カタカナ(가타카나)를 반드시 써야 되는 경우도 있는데 외래어 표기나 전보문, 법령 등이 그것
입니다.
또한 인명·지명, 동물·식물명, 의성어·의태어처럼 강조 효과를 위해서도 쓰여지기도 합니다.

3) 한자

일본도 우리나라, 중국과 더불어 한자를 쓰는 한자문화권입니다. 그러니 한자를 제쳐놓고 생각할
수는 없는 실정인데, 일본한자는 우리나 중국과는 그 사용법에 있어서 약간 다른 점이 있습니다.
우리와 중국은 음을 빌려다 쓴 음독인데 비하여 일본은 음독과 훈독을 병행하고 있습니다.
또한 한자 자체를 최소한으로 간략하게 축소시킨 이른바 신자체를 쓰고 있는 점이 다릅니다.
총 1945자를 상용한자로 채택하고 있습니다.

04 인사말을 배워봅시다.

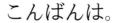 ■ 인사

おはようございます。
오하요-고자이마스

안녕하세요.(아침)

こんにちは。
콘니찌와

안녕하세요.(낮)

こんばんは。
콤반와

안녕하세요.(저녁)

さようなら。
사요-나라

안녕히 가세요(계세요)—외출시 하는 인사

いってきます。
잇떼 끼마스

다녀오겠습니다.

いってらっしゃい。
잇떼랏샤이

다녀오세요.

■ 귀가

ただいま。
타다이마
다녀왔습니다.

おかえりなさい。
오까에리나사이
어서 오세요.

■ 감사

ありがとうございます。
아리가또-고자이마스
감사합니다.

どういたしまして。
도-이따시마시떼
천만예요.

■ 사과

すみません。
스미마셍
미안합니다.

だいじょうぶです。
다이죠-부데스
괜찮습니다.

■ 식사

どうぞ。
도-조

자, 어서 드세요.

いただきます。
이따다끼마스

잘 먹겠습니다.

■ 안부

おげんきですか。
오겡끼데스까

건강하십니까?

おかげさまで。
오까게사마데

덕분에.

■ 자리를 뜰 때

しつれいします。
시쯔레-시마스

실례하겠습니다.

おつかれさまでした。
오쯔까레사마데시따

수고하셨습니다.

46

2부

첫걸음편

이 책은 첫걸음과 회화를 동시에 공부할 수 있도록 꾸며진 교재입니다. 이제 본격적인 수업이 시작되었다고도 할 수 있습니다. 기본적인 문장의 형태에 관해 공부하여 회화에 필요한 기초적인 실력을 쌓는 코너입니다. 차근차근 꾸준히 공부하여 자기만의 실력을 가져보세요.

구성
•Dialogue •스피드학습 •패턴연습 •막강한자 •연습문제

PART 2

오래간만의 만남

01

_{がくせい}
まだ学生です。
마다 각세-데스

아직 학생입니다.

Dialogue ◇◇◇

山田 (やまだ)	ドンミンさん！ おかわりありませんか。 동민상　　　　　　　오까와리아리마셍까
	ひさしぶりですね。 히사시부리데스네
ドンミン	お元気ですか。 오겡끼데스까
山田 (やまだ)	ええ、おかげさまで元気です。 에-　　　오까게사마데 겡끼데스
	今、会社員ですか。 이마　카이샤인데스까
ドンミン	いいえ、まだ学生です。 이-에　　　마다 각세-데스
	山田さんは会社員ですか。 야마다상와 카이샤인데스까

48

새로 배우는 어휘

● **~さん**	~씨	● **~です**	~입니다
● **おかわり**	별일, 별고	● **ひさしぶり**	오래간만
● **元気(げんき)だ**	건강하다	● **会社員(かいしゃいん)**	회사원
● **学生(がくせい)**	학생	● **いいえ**	아니오

山田(やまだ)
わたし　かいしゃいん
いいえ、私も会社員ではありません。
이-에　　　와따시모 카이샤인데와 아리마셍

がくせい
学生です。
각세-데스

ドンミン
なんねんせい
何年生ですか。
난넨세-데스까

山田(やまだ)
だいがく　　さんねんせい
大学の三年生です。
다이가꾸노 산넨세-데스

山田	동민 씨, 별고 없으십니까? 오래간만이군요.
ドンミン	건강하십니까?
山田	예, 덕분에 건강합니다.　지금 회사원입니까?
ドンミン	아니오, 아직 학생입니다.
	야마다 씨는 회사원입니까?
山田	아니오, 저도 회사원이 아닙니다. 학생입니다.
ドンミン	몇 학년입니까?
山田	대학교 3학년입니다.

 01 ~さん ~씨

누군가 상대방을 부를 때에 이름이나 성에 붙여 존경의 의미를 담으며 우리말의 「~씨」 정도로 보면 됩니다. 우리가 잘 아는 「さま」는 이 「さん」의 극존칭이라 할 수 있습니다.

> 예 金さん (キム) 김 씨   山田さん (やまだ) 야마다 씨

그러나 어떤 것에는 이 「さん」을 붙일 수가 없는데 「先生(せんせい)」가 그것입니다.
이 「先生(せんせい)」에는 그 자체 내에 이미 존경의 의미를 담고 있기 때문에 굳이 「さん」을 붙이지 않습니다.
그리고 우리나라처럼 아무에게나 붙이지 않고 사회적으로 존경받을 위치에 있는 사람에게로 국한됩니다.
그래서 의사선생님도 「医者先生(いしゃせんせい)」가 아닌 「お医者(いしゃ)さん」이 되지요.
참! 순경아저씨는 「おまわりさん」이라고 한답니다.

 02 お元気(げんき)ですか 건강하십니까?, 잘 지내십니까?

우리가 너무나도 잘 알고 있는 이 말은 상대방을 오랜만에 만나 안부를 물을 때에 쓰는 표현입니다.
원래 이 「元気(げんき)だ」라는 표현은 「건강하다」라는 뜻이며 이 자체가 의문 표현이 되어 안부 인사가 된 것입니다. 여기서 「お」는 존경의 뜻입니다.

> 예 高橋さん (たかはし)、お元気(げんき)ですか。   다카하시 씨, 잘 지내십니까?
>
> おかげさまで元気(げんき)です。   덕분에 잘 지냅니다.

03 **~は ~です** ~은(는) ~입니다

가장 기본적인 문장의 형태로「 ~은(는) ~입니다」형식입니다.「입니다」에 해당되는「です」를
변화시키면 여러 가지 다양한 문장 형태를 만들 수도 있습니다.

> です → ですか → では ありません → でした
> 입니다   입니까   이(가) 아닙니다   였습니다

여기에서 또 주의해야 할 점이 있는데 조사로 쓰이는「は」가 그것입니다. 발음이 문제인데
「하」라고 읽지 말고「와」라고 읽어야 한다는 점 잊지 마세요.

> 예   わたしは<ruby>学生<rt>がくせい</rt></ruby>です。   나는 학생입니다.
>
> これは<ruby>携帯<rt>けいたい</rt></ruby>です。   이것은 휴대폰입니다.

 04 **~では ありません** ~이(가) 아닙니다

「です」의 부정형은「では ありません」으로 표현합니다. 위의 문장들을 부정형으로 바꿔볼
까요?

> 예   わたしは<ruby>学生<rt>がくせい</rt></ruby>ではありません。   나는 학생이 아닙니다.
>
> これは<ruby>携帯<rt>けいたい</rt></ruby>ではありません。   이것은 휴대폰이 아닙니다.

□ おかわりありませんか。 별고 없으십니까?

□ ひさしぶりですね。 오래간만이군요.

□ お<ruby>元気<rt>げんき</rt></ruby>ですか。 건강하십니까?

□ 李さんは <ruby>会社員<rt>かいしゃいん</rt></ruby> ですか。 이 씨는 회사원입니까?

<ruby>先生<rt>せんせい</rt></ruby> 이 씨는 선생님입니까?

<ruby>学生<rt>がくせい</rt></ruby> 이 씨는 학생입니까?

□ まだ<ruby>学生<rt>がくせい</rt></ruby>ですか。 아직 학생입니까?

□ <ruby>何年生<rt>なんねんせい</rt></ruby>ですか。 몇 학년입니까?

□ あなたの<ruby>友<rt>とも</rt></ruby>だちですか。 당신 친구입니까?

 막강 한자

学

배울 학

음 がく
뜻 まなぶ

예 <ruby>学生<rt>がくせい</rt></ruby> 학생　<ruby>大学<rt>だいがく</rt></ruby> 대학

<ruby>語学<rt>ごがく</rt></ruby> 어학　<ruby>入学<rt>にゅうがく</rt></ruby> 입학

<ruby>彼<rt>かれ</rt></ruby>に <ruby>運転<rt>うんてん</rt></ruby>を <ruby>学<rt>まな</rt></ruby>ぶ 그에게 운전을 배우다.

01 다음 대화를 듣고 빈칸에 들어갈 알맞은 말을 골라보세요.

> いま なんねんせい
> A 今 何年生ですか。　　지금 몇 학년입니까?
>
> B (　　　　　　　　)です。　고등학교 3학년입니다.

だいがく　　　さんねんせい
① 大学の　三年生

だいがく　　　いちねんせい
② 大学の　一年生

こうこう　　　さんねんせい
③ 高校の　三年生

ちゅうがっこう　　　にねんせい
④ 中学校の　二年生

02 다음을 일본어로 바꿔보세요.

① 건강하십니까?

→ _____。

② 예, 덕분에 건강합니다.

→ _____。

③ 저도 회사원이 아닙니다. 학생입니다.

→ _____。

03 다음 한자를 읽어보세요.

① 学生　　　　　② 入学

03 ① がくせい（学生）　② にゅうがく（入学）

02 ① おげんきですか。
② ええ、おかげさまで げんきです。
③ わたしも かいしゃいんじゃ ありません。がくせいです。

01 ③ 高校の三年生（こうこう さんねんせい）

PART 2
자기소개

02

どうぞよろしく。

도-조 요로시꾸

잘 부탁합니다.

Dialogue ◇◇◇

ドンミン
はじめまして。
하지메마시떼

私は韓国のイドンミンです。
와따시와 강꼬꾸노 이동민데스

どうぞよろしく。
도-조 요로시꾸

イが名字、ドンミンが名前です。
이가 묘-지,　　　동민가 나마에데스

「イ」は韓国でよくある名字です。
이와 강꼬꾸데 요꾸아루 묘-지데스

山本(やまもと)
私は山本です。
와따시와 야마모또데스

どうぞよろしく。
도-조 요로시꾸

54

● 私(わたし)	나, 저	● 韓国(かんこく)	한국
● の	~의	● どうぞ	부디, 제발
● 名字(みょうじ)	성	● 名前(なまえ)	이름
● よく	자주, 흔히	● ある	있다

かいしゃいん
あなたは会社員ですか。
아나따와 카이샤인데스까

ドンミン
わたし　　　がくせい
いいえ、私はまだ学生です。
이-에　　　와따시와 마다 각세-데스

やまもと　　　　がくせい
山本さんも学生ですか。
야마모또상모 각세-데스까

山本(やま もと)
はい、そうです。
하이　　　소-데스

ドンミン	처음 뵙겠습니다.
	저는 한국의 이동민입니다.
	잘 부탁합니다.
	이가 성, 동민이 이름입니다.
	「이」는 한국에서 흔히 있는 성입니다.
山本	저는 야마모토입니다.
	잘 부탁합니다.
	당신은 회사원입니까?
ドンミン	아니오, 저는 아직 학생입니다.
	야마모토씨도 학생입니까?
山本	예, 그렇습니다.

 はじめまして 처음 뵙겠습니다

상대방을 처음 만났을 때 쓰는 첫인사입니다. 원래 이 말은 「はじめて お目(め)に かかります(처음 만나 뵙겠습니다)」의 준말로 상대방도 그대로 사용하면 됩니다. 한마디 덧붙여서 「どうぞ よろし く(잘 부탁합니다)」는 찰떡궁합처럼 따라다니는 말이니 잊지 말도록 하세요.

> 예 はじめまして^{いしはら}石原さん。　　　처음 뵙겠습니다 이시하라 씨.
>
> どうぞよろしく。　　　　　잘 부탁합니다.

 ~の ~의

일본어는 명사와 명사 사이에 무의식적으로 항상 「の」를 넣어 말합니다. 우리도 농담조로 말하듯이 왜 「뭐시기노 뭐시기노」라고 흉내낼 정도로 흔히 쓰이고 있는 형편이죠. 예외의 경우가 있다면 고유명사인데 이 경우에는 「の」를 생략합니다. 우리말로 해석할 때에는 이 「の」를 군이 해석하지 않도록 합니다. 명사와 명사 사이의 「の」는 두 가지 용법이 있는데 군이 따지고 넘어가자면 다음과 같습니다.

① 소유 · 소속

> 예 わたしの^{けいたい}携帯　　　내 휴대폰
>
> ^{かのじょ}彼女のデジカメ　　　그녀의 디지털 카메라

② 성질 · 상태

> 예 ^{かんこくご}韓国語の^{せんせい}先生　　　한국어 선생
>
> ^{まんが}漫画の^{ほん}本　　　만화책

03 ~で ~에서

일본어에서 「で」는 그 쓰임새가 아주 다양합니다. 여기에서는 「~에서」로 장소를 나타내는데 그 이외에도 수단이나 재료 등 여러 가지 용법이 있습니다.

예 韓国^{かんこく}でよくある名字^{みょうじ}です。　　　한국에서 흔히 있는 성입니다.

ソウル駅^{えき}で乗^のり換^かえます。　　　서울역에서 갈아탑니다.

04 인칭대명사

> わたし 나, 저　　あなた 너, 당신　　かれ 그　　かのじょ 그녀

「わたし」를 격식을 갖춰서 「わたくし」라고도 하지만 사용빈도가 높지는 않습니다. 2인칭대명사인 「あなた」는 손아래나 아주 친한 사이가 아니라면 실례가 된다는 거 잊지 마세요.

예 私^{わたし}は山本^{やまもと}です。　　　나는 야마모토입니다.

あなたは会社員^{かいしゃいん}ですか。　　　당신은 회사원입니까?

05 はい、そうです 예, 그렇습니다

상대방의 말에 동의한다는 긍정적인 답변을 보낼 때에 쓰입니다. 어느 나라말이나 다 그렇겠지만 일본인들은 상대방의 말에 맞장구를 잘 쳐줍니다. 중간 중간에 반응이 없으면 상대방이 내 말을 듣고는 있는 건지 불안해 하지요. 이야기는 잘 하는 것보다 잘 듣는 것이 더 중요하다는 거 알고 계시죠?

예 これもデジカメですか。　　　이것도 디지털카메라입니까?

はい、そうです。　　　예, 그렇습니다.

□ どうぞよろしく。　　　　　　　　　잘 부탁합니다.

□ よろしくおねがいします。　　　　잘 부탁합니다.

□ よろしくおねがいいたします。　　잘 부탁합니다.

□ 私(わたし)は | イドンミン | です。　저는 이동민입니다.

| 山本(やまもと) |　저는 야마모토입니다.

| スミス |　저는 스미스입니다.

□ 私(わたし)はまだ | 学生(がくせい) | です。　저는 아직 학생입니다.

| 会社員(かいしゃいん) |　저는 아직 회사원입니다.

| 学校(がっこう)の 先生(せんせい) |　저는 아직 학교선생입니다.

막상 한자

山
메 산

음 さん
뜻 やま

예
火山(かざん) 화산　　　　富士山(ふじさん) 후지산

登山(とざん) 등산　　　　山登(やまのぼ)り 등산

私(わたし)の趣味(しゅみ)は登山(とざん)です。　제 취미는 등산입니다.

58

 연습 문제

01 다음 대화를 듣고 빈칸에 들어갈 알맞은 말을 골라보세요.

A 私は山本です。 야마모토입니다.
（わたし　やまもと）

B （ ）。 잘 부탁합니다.

① どうぞよろしく　　　② はじめまして

③ おはようございます　　　④ さようなら

02 다음을 일본어로 바꿔보세요.

① 저는 한국의 이동민입니다.

→ _____。

② 「이」는 한국에서 흔히 있는 성입니다.

→ _____。

③ 야마모토씨도 학생입니까?

→ _____。

03 다음 한자를 읽어보세요.

① 山登り　　　　② 登山

PART 2

03

차주인

この車はあなたのですか。
<ruby>車<rt>くるま</rt></ruby>

코노 쿠루마와 아나따노데스까

이 차는 당신 것입니까?

Dialogue ◇◇◇

スミス　　この<ruby>車<rt>くるま</rt></ruby>はあなたのですか。
　　　　　코노 쿠루마와 아나따노데스까

ドンミン　いいえ、<ruby>私<rt>わたし</rt></ruby>のではありません。
　　　　　이-에　　　와따시노데와아리마셍

スミス　　では、だれのですか。
　　　　　데와　　　다레노데스까

ドンミン　トニーさんのです。
　　　　　토니-상노데스

　　　　　どこの<ruby>車<rt>くるま</rt></ruby>でしょうか。
　　　　　도꼬노 쿠루마데쇼-까

スミス　　たぶんアメリカのでしょう。
　　　　　타분 아메리까노데쇼-

ドンミン　あれは<ruby>何<rt>なん</rt></ruby>ですか。
　　　　　아레와 난데스까

새로 배우는 어휘

- 車(くるま)　차
- の　~의 것
- どこ　어디
- たぶん　아마
- あなた　너, 당신
- だれ　누구
- でしょう　~이겠지요
- オートバイ　오토바이

スミス　　え、どれですか。
　　　　　　에　도레데스까

ドンミン　あれです。　あれ。
　　　　　　아레데스　　　아레

スミス　　あれは山田<ruby>やまだ</ruby>さんのオートバイです。
　　　　　　이레와 아마다상노 오―또바이데스

Q&A

Q: 일본어의 가장 기본적인 문장구조인「~은(는) ~입니다」는「~は ~です」입니다. 이것을 질문 형태로 바꿔보면「~は ~ですか」가 되겠죠. 그럼 여기서 질문을 하나 드려볼게요.「이게 뭡니까?」를 일본어로 한번 말해 보세요. 참고로 ~이(가)에 해당하는 조사는 が입니다.

A:「これがなんですか。」가 아닌가요?

Q: 맞습니다. 대부분의 분들이 이렇게 대답을 하셨을 줄로 압니다. 하지만 정답은 아니지요. 뭐 그렇게 쉬운 문제였더라면 내지도 않았겠죠. 일본어에서 뒤에 의문사가 올 경우에, 조사는 '이, 가'를 가리지 않고「が」를 씁니다. 자, 그럼 다시 한번 해볼까요?

A: 앗!! 그럼「이게 뭡니까?」도「이것은 무엇입니까?」와 같은「これはなんですか。」가 되겠군요.

tip　의문사 앞의 조사는 항상「は」가 온다.

スミス　이 차는 당신 것입니까?
ドンミン　아니오, 제 것이 아닙니다.
スミス　그럼 누구 것입니까?
ドンミン　토니 것입니다.
　　　　어디 차일까요?
スミス　아마 미국이겠지요.
ドンミン　저것은 무엇입니까?
スミス　예, 어느 것 말입니까?
ドンミン　저것입니다. 저것.
スミス　저것은 야마다씨의 오토바이입니다.

61

 ~の ~의 것

앞에서는 명사와 명사 사이의 「の」에 관해서 공부해 보았습니다. 이 과에서는 「~의 것」 즉, 「~の もの」에 관해서 다루어 보겠습니다. 구체적인 사물은 계속 논하여질 경우 그냥 「~の」로 대신해 표현한다는 뜻인데 사용례를 보면서 살펴볼까요?

> 예 このノートパソコンはだれのですか。　　　　이 노트북은 누구 것입니까?
>
> → このノートパソコンはだれのノートパソコンですか。
>
> この車^{くるま}はアメリカのでしょう。　　　　이 차는 미국 것이겠지요.
>
> → この車^{くるま}はアメリカの車^{くるま}でしょう。

 인칭대명사

지시대명사는 보통 こ・そ・あ・ど(이・그・저・어느)를 써서 표현합니다.
지시대명사를 사용한 인칭대명사에 관해서 알아보겠습니다.

こ 이	そ 그	あ 저	ど 어느
この人(ひと) 이 사람	その人(ひと) 그 사람	あの人(ひと) 저 사람	だれ/どの人(ひと) 누구
この方(かた) 이 분	その方(かた) 그 분	あの方(かた) 저 분	どの方(かた)/どなた 어느 분

~でしょう ~이겠지요

「でしょう」는 「です」를 추측으로 나타낸 형태인데 우리말로 「~이겠지요, ~일 것이다.」
정도로 해석하면 됩니다. 또한 상대방에게 동의를 구하거나 확인을 할 때에도 쓰입니다.

> 예 どこの車でしょうか。 어디 차일까요?
>
> たぶんアメリカのでしょう。 아마 미국이겠지요.

 사물을 나타내는 지시대명사

이것도 「こ・そ・あ・ど」를 사용해서 나타냅니다.

こ	이	そ	그	あ	저	ど	어느
これ	이것	それ	그것	あれ	저것	どれ	어느 것

> 예 あれは何ですか。 저것은 무엇입니까?
>
> え、どれですか。 예, 어느 것 말입니까?

□ この車<ruby>車<rt>くるま</rt></ruby>は　あなた　のですか。　　이 차는 당신 것입니까?

　　　　　　　山田<ruby>山田<rt>やまだ</rt></ruby>さん　　　　　이 차는 야마다 씨 것입니까?

　　　　　　　だれ　　　　　　　　　이 차는 누구 것입니까?

□ どこの　車<ruby>車<rt>くるま</rt></ruby>でしょうか。　　어디 차일까요?

　　だれ　　　　　　　　　　　　　　누구 차일까요?

　　田中<ruby>田中<rt>たなか</rt></ruby>さん　　　　　　　다나카 씨 차일까요?

□ あれは　山田<ruby>山田<rt>やまだ</rt></ruby>さん　の　オートバイ　です。　저것은 야마다 씨 오토바이입니다.

　　　　　スミスさん　　　車<ruby>車<rt>くるま</rt></ruby>　　　저것은 스미스 씨 차입니다.

　　　　　キムさん　　　　携帯<ruby>携帯<rt>けいたい</rt></ruby>　　저것은 김 씨 휴대폰입니다.

 막강 한자

車
수레 거 · 수레 차

음 しゃ
뜻 くるま

예　車道<ruby>車道<rt>しゃどう</rt></ruby> 차도(찻길)　　車庫<ruby>車庫<rt>しゃこ</rt></ruby> 차고

　　乗車<ruby>乗車<rt>じょうしゃ</rt></ruby> 승차

車庫<ruby>車庫<rt>しゃこ</rt></ruby>の車<ruby>車<rt>くるま</rt></ruby>はだれのでしょうか。
차고의 차는 누구의 것일까요?

01 다음 대화를 듣고 빈칸에 들어갈 알맞은 말을 골라보세요.

> A あれは何^{なん}ですか。　저것은 무엇입니까?
>
> B あれは（　　　　　）です。　저것은 나의 오토바이입니다.

① 私^{わたし}のオートバイ　　② 山田^{やまだ}さんのオートバイ

③ スミスさんの車^{くるま}　　④ 田中^{たなか}さんのペン

02 다음을 일본어로 바꿔보세요.

① 이 차는 당신 것입니까?

→ ＿＿＿＿＿＿＿＿＿＿＿＿＿＿＿＿＿＿＿＿＿。

② 어디 차일까요?

→ ＿＿＿＿＿＿＿＿＿＿＿＿＿＿＿＿＿＿＿＿＿。

③ 저것은 야마다씨의 오토바이입니다.

→ ＿＿＿＿＿＿＿＿＿＿＿＿＿＿＿＿＿＿＿＿＿。

03 다음 한자를 읽어보세요.

① 乗車　　　　　② 車庫

03 ① じょうしゃ　　② しゃこ

02 ① この車^{くるま}はあなたのですか。　② どこの車^{くるま}でしょうか。　③ あれは山田^{やまだ}さんのオートバイです。

01 ① 私^{わたし}のオートバイ

65

04

あそこはトイレでは ありませんでした。

아소꼬와 토이레데데와 아리마센데시따

저기는 화장실이 아니었습니다.

 **Dialogue** ◇◇◇

金 すみません。トイレはどこですか。
스미마셍　　　　　　토이레와 도꼬데스까

李 あちらです。
아찌라데스

金 あそこはトイレではありませんでした。
아소꼬와 토이레데데와아리마센데시따

李 そうですか。ではその部屋は何でしたか。
　　소-데스까　　　　　　데와 소노 헤야와 난데시따까

金 着替室でした。
키가에시쯔데시따

李 あ、すみません。トイレは二階です。
아　　스미마셍　　　　　　토이레와 니까이데스

金 どうも。
도-모

李 どういたしまして。
도-이따시마시떼

66

새로 배우는 어휘

- トイレ　　　　화장실
- ではありませんでした　~이 아니었습니다
- 部屋(へや)　　방
- 二階(にかい)　2층

- あちら　　　　저쪽
- 着替室(きがえしつ)　탈의실
- どうも　　　감사합니다

Tip

こそあど言葉(ことば) 열전

앞에서 지시대명사는 이 こ・そ・あ・ど (이·그·저·어느)를 써서 표현한다고 배운바 있습니다. 그럼
이쯤에서 こ・そ・あ・ど가 또 어떻게 사용되는지 한 번 완전하게 짚고 넘어가 볼까요?

	こ　　이	そ　　그	あ　　저	ど　　어느
사물	これ　이것	それ　그것	あれ　저것	どれ　어느것
장소	ここ　여기	そこ　거기	あそこ　저기	どこ　어디
방향	こちら　이쪽	そちら　그쪽	あちら　저쪽	どちら　어느쪽
연체사	この　이	その　그	あの　저	どの　어느
부사	こう　이렇게	そう　그렇게	ああ　저렇게	どう　어떻게
명사형용사	こんなだ　이렇다	そんなだ　그렇다	あんなだ　저렇다	どんなだ　어떻다

Tip 명사형용사는 8과에서 배울게요. 「저렇게」의 경우 「あう」가 아닌 「ああ」인 점에 유의해야 합니다.

金　실례합니다. 화장실이 어디입니까?

李　저쪽입니다.

金　저기는 화장실이 아니었습니다.

李　그렇습니까? 그럼 그 방은 무엇이었습니까?

金　탈의실이었습니다.

李　아, 죄송합니다. 화장실은 2층입니다.

金　감사합니다.

李　천만에요.

67

 すみません 저, 여보세요

「すみません。」원래의 뜻은 「미안합니다, 죄송합니다」이나 상점이나 식당 등에서 종업원을 부를 때나 말을 걸 때에도 쓰입니다.

> 例 すみません。トイレはどこですか。 　　　실례합니다. 화장실이 어디입니까?
> 　　　すみません。メニューをお願いします。 　　　저기요. 메뉴를 부탁합니다.

 장소를 나타내는 지시대명사

역시 「こ・そ・あ・ど」를 사용한 장소를 나타내는 지시대명사에 관해서 알아보도록 하겠습니다.

こ	이	そ	그	あ	저	ど	어느
ここ	여기	そこ	거기	あそこ	저기	どこ	어디

> 例 ここはどこですか。 　　　여기가 어디입니까?
> 　　　研究室です。 　　　연구실입니다.

でした・ではありませんでした

이번 과에서는 「です」의 과거형과 과거부정형에 관해 공부해 보기로 하겠습니다.

68

「です」의 과거형 → 「でした」

예 その部屋_{へや}は何_{なん}でしたか。　　　　　　그 방은 무엇이었습니까?

着替室_{きがえしつ}でした。　　　　　　　　　탈의실이었습니다.

「です」의 과거부정형 → 「ではありませんでした」

예 そこはトイレではありませんでした。　　　거기는 화장실이 아니었습니다.

その部屋_{へや}は会議室_{かいぎしつ}ではありませんでした。　그 방은 회의실이 아니었습니다.

04　どういたしまして 천만예요

「どういたしまして。」는 「ありがとうございます。(감사합니다)」와 짝꿍을 이루는 말로 입에 베이도록 연습해 놓으면 접대성 멘트로 도움이 될 것 같습니다. 그냥 간단하게 「예」라고 대답해도 괜찮습니다.

예 これは わたしのプレゼント。　　　　　이건 제 선물.

ありがとうございます。　　　　　　감사합니다.

どういたしまして。　　　　　　　　천만예요.

□ すみません。 トイレ　はどこですか。　　　실례합니다. 화장실이 어디입니까?

　　　　　　　かいぎしつ
　　　　　　　会議室　　　　　　　　　　　실례합니다. 회의실이 어디입니까?

　　　　　　　けんきゅうしつ
　　　　　　　研究室　　　　　　　　　　　실례합니다. 연구실이 어디입니까?

□　あちら　です。　　　　　　　　　　　　저쪽입니다.

　　あそこ　　　　　　　　　　　　　　　　저기입니다.

　　にかい
　　二階　　　　　　　　　　　　　　　　　2층입니다.

□ あそこは　トイレ　ではありませんでした。　저기는 화장실이 아니었습니다.

　　　　　　　きょうしつ
　　　　　　　教室　　　　　　　　　　　　저기는 교실이 아니었습니다.

　　　　　　　としょしつ
　　　　　　　着替室　　　　　　　　　　　저기는 도서실이 아니었습니다.

 막강한자

家
집 가
음 か・け
뜻 いえ・や

예　かてい　　　　　　　かおく
　　家庭　가정　　　　　家屋　가옥(집)
　　いえで　　　　　　　やちん
　　家出　가출　　　　　家賃　집세

にほん　やちん　たか
日本は家賃が高いです。
일본은 집세가 비쌉니다.

연습문제

01 다음 대화를 듣고 빈칸에 들어갈 알맞은 말을 골라보세요.

A その部屋(へや)は何(なん)でしたか。　그 방은 무엇이었습니까?

B (　　　　　　)でした。　연구실이었습니다.

① 着替室(きがえしつ)　　② トイレ

③ 会議室(かいぎしつ)　　④ 研究室(けんきゅうしつ)

02 다음을 일본어로 바꿔보세요.

① 실례합니다. 화장실이 어디입니까?

→ ______________________________。

② 그럼 그 방은 무엇이었습니까?

→ ______________________________。

③ 화장실은 2층입니다.

→ ______________________________。

03 다음 한자를 읽어보세요.

① 家賃　　② 家出

---

01 ④ 研究室(けんきゅうしつ)　02 ① すみません。トイレはどこですか。

② ではその部屋(へや)は何(なん)でしたか。　③ トイレは二階(にかい)です。

03 ① やちん　② いえで

동민 씨는 어디에…

PART 2

05

しょくどう
食堂もその建物に
ありますか。

쇼꾸도-모 소노 타떼모노니 아리마스까

식당도 그 건물에 있습니까?

Dialogue ◇◇◇◇◇◇◇◇◇◇◇◇◇◇◇◇◇◇◇◇◇◇◇◇◇◇◇◇◇◇◇◇◇◇◇◇◇◇◇

金　
きょうしつ
教室にだれかいますか。
쿄-시쯔니 다레까 이마스까

林(はやし)　
いいえ、だれもいません。
이-에　　　　　다레모 이마셍

金　
ドンミンさんはどこにいますか。
동민상와 도꼬니 이마스까

林(はやし)　
としょかん
図書館にいます。
토쇼깐니 이마스

金　
としょかん
図書館はどこにありますか。
토쇼깐와 도꼬니 아리마스까

林(はやし)　
がくせいげきじょう　　よこ
学生劇場の横です。
각세-게끼죠-노 요꼬데스

金　
しょくどう　　　　たてもの
食堂もその建物にありますか。
쇼꾸도-모 소노 타떼모노니 아리마스까

72

林(はやし)
しょくどう
いいえ、食堂はそこにはありません。
이-에　　　쇼꾸도-와 소꼬니와 아리마셍

よこ　　たてもの
横の建物にあります。
요꼬노 타떼모노니 아리마스

金
がっこう　　まえ
学校の前になにがありますか。
각꼬-노 마에니 나니가 아리마스까

林(はやし)
ぶんぼうぐや　　ほんや
文房具屋と本屋があります。
붐보-구야또 홍야가 아리마스

金　교실에 누군가 있습니까?
林　아니오, 아무도 없습니다.
金　동민 씨는 어디에 있습니까?
林　도서관에 있습니다.
金　도서관은 어디에 있습니까?
林　학생극장 옆입니다.
金　식당도 그 건물에 있습니까?
林　아니오, 식당은 거기에 없습니다. 옆 건물에 있습니다.
金　학교 앞에 무엇이 있습니까?
林　문방구랑 서점이 있습니다.

 います　있습니다 (사람이나 동물 등 동작성이 있는 것의 존재)

「~이 있습니다」라는 표현은 크게 두 가지로 나뉘는데 우선 사람이나 동물처럼 움직이는 것의
존재를 나타낼 때에는「~が いま す。」라고 하면 됩니다.

> 예　事務室の中に山田さんがいます。　　사무실 안에 야마다 씨가 있습니다.
> <small>じむしつ　なか　やまだ</small>
>
> ドンミンさんはどこにいますか。　　동민 씨는 어디에 있습니까?

02 **あります**　있습니다 (사물이나 식물 등 동작성이 없는 것의 존재)

「있습니다」라는 표현은 앞에서 다룬「いま す」외에 사물이나 식물처럼 움직임이 없는 것들의
존재를 나타낼 때는「あり ます」를 씁니다. 그 부정형은 각각「あり ません・いません」
입니다.

> 예　学校の前になにがありますか。　　학교 앞에 무엇이 있습니까?
> <small>がっこう　まえ</small>
>
> 食堂もその建物にありますか。　　식당도 그 건물에 있습니까?
> <small>しょくどう　たてもの</small>

03 **なにが・なにか・だれが・だれか**　무엇이・무언가・누가・누군가

「が」와「か」에 따라 그 의미가 많이 달라집니다. 하나하나 그 뜻을 살펴보고 넘어갈까요?

なにが : 있는 것이 무엇인지를 묻습니다.

> 예　ハンドバッグの中になにがありますか。　　핸드백 안에 무엇이 있습니까?
> <small>なか</small>

74

なにか : 무엇이 있는지 없는지의 유무를 묻습니다.

예 机の上になにかありますか。   책상 위에 무언가 있습니까?
つくえ うえ

だれが : 누가 있다는 사실을 전제로 하고, 있는 이가 누구인지를 묻습니다.

예 今教室にだれがいますか。   지금 교실에 누가 있습니까?
いまきょうしつ

だれか : 누가 있는지 없는지의 유무를 묻습니다.

예 教室にだれかいますか。   교실에 누군가 있습니까?
きょうしつ

前(まえ) 앞

앞에서 다룬 「あります・います」 표현을 하기 위해서는 위치를 나타내는 명사에 관해서도 어느 정도는 알아야겠죠?

上(うえ) 위	下(した) 밑·아래	中(なか) 속·안	そば 곁
横(よこ) 옆	前(まえ) 앞	後(うし)ろ 뒤	

예 学生劇場の横に図書館があります。   학생극장 옆에 도서관이 있습니다.
がくせいげきじょう よこ としょかん

市役所の前になにがありますか。   시청 앞에 무엇이 있습니까?
しやくしょ まえ

□ 　きょうしつ
　　教室　　にだれかいますか。　　교실에 누군가 있습니까?

　しょくどう
　食堂　　　　　　　　　　　　　식당에 누군가 있습니까?

　かいぎしつ
　会議室　　　　　　　　　　　　회의실에 누군가 있습니까?

□ 　としょかん
　　図書館　はどこにありますか。　도서관은 어디에 있습니까?

　がくせいげきじょう
　学生劇場　　　　　　　　　　　학생극장은 어디에 있습니까?

　ほんや
　本屋　　　　　　　　　　　　　서점은 어디에 있습니까?

□ 　がっこう　まえ
　　学校の前　になにがありますか。　학교 앞에 무엇이 있습니까?

　　　　　　　となり
　デパートの隣　　　　　　　　　백화점 옆에 무엇이 있습니까?

　しやくしょ　まえ
　市役所の前　　　　　　　　　　시청 앞에 무엇이 있습니까?

前
앞 전

음 ぜん
뜻 まえ

예　ごぜん　　　　　　　　　ぜんじつ
　　午前　오전　　　　　　　前日　전날
　さんねんまえ
　3年前　3년 전

　じゅぎょう　　ごぜん　くじ
授業は午前9時からです。
수업은 오전 9시부터입니다.

01 다음 대화를 듣고 빈칸에 들어갈 알맞은 말을 골라보세요.

> A 図書館はどこにありますか。 도서관은 어디에 있습니까?
>   としょかん
>
> B （　　　　　　　　　）にあります。 학생극장 옆에 있습니다.

① 学生劇場の横
   がくせいげきじょう　よこ

② 食堂の前
   しょくどう　まえ

③ 5階
   ごかい

④ デパートの隣
   となり

02 다음을 일본어로 바꿔보세요.

① 동민 씨는 어디에 있습니까?

→ _____。

② 옆 건물에 있습니다.

→ _____。

③ 문방구랑 서점이 있습니다.

→ _____。

03 다음 한자를 읽어보세요.

① 前日　　　　② 午前

03 ① ぜんじつ　② ごぜん

02 ① ドンミンさんはどこにいますか。
   ② 横の建物にあります。
      よこ　たてもの
   ③ 文房具と本屋があります。
      ぶんぼうぐ　ほんや

01 学生劇場の横
   がくせいげきじょう　よこ

77

PART 2

여행소감 말하기

06

とうきょう あつ
東京はちょっと暑いです。

토-꼬-와 촛또 아쯔이데스

동경은 좀 덥습니다.

Dialogue ◇◇◇

李
　　にほん　　りょこう
　　日本の旅行はどうでしたか。
　　니혼노 료꼬-와 도-데시따까

金
　　ええ、ほんとうにおもしろかったです。
　　에-　　　혼또-니 오모시로 깟따데스

李
　　たべもの
　　食物は。
　　타베모노와

金
　　よかったです。
　　요깟따데스

李
　　とうきょう　なつ
　　東京の夏はどうですか。
　　토-꼬-노 나쯔와 도-데스까

金
　　とうきょう　　　あつ
　　東京はちょっと暑いです。
　　토-꼬-와 촛또 아쯔이데스

李
　　ぶっか
　　物価はどうですか。
　　붓까와 도-데스까

78

새로 배우는 어휘

• 日本 (にほん)	일본	• 旅行 (りょこう)	여행
• ほんとうに	정말로	• おもしろい	재미있다
• 東京 (とうきょう)	동경	• 夏 (なつ)	여름
• ちょっと	좀, 조금	• 物価 (ぶっか)	물가

金　**とても高かったです。**
토떼모 다까깟따데스

李　**安いのはありませんか。**
야스이노와 아리마셍까

金　**もちろん安いものもあります。**
모찌롱 야스이모노모 아리마스

tip

반대말로 배우는 형용사

大きい ↔ 小さい		크다 ↔ 작다
多い ↔ 少ない		많다 ↔ 적다
高い ↔ 低い		높다 ↔ 낮다
重い ↔ 軽い		무겁다 ↔ 가볍다
長い ↔ 短い		길다 ↔ 짧다
暑い ↔ 寒い		덥다 ↔ 춥다

李	일본여행은 어땠습니까?
金	예, 정말로 재밌었습니다.
李	음식은요?
金	좋았습니다.
李	동경의 여름은 어떻습니까?
金	동경은 좀 덥습니다.
李	물가는 어떻습니까?
金	매우 비쌌습니다.
李	싼 것은 없습니까?
金	물론 싼 것도 있습니다.

79

01 형용사

형용사란 사물의 성질이나 상태를 나타내는 품사입니다. 형태가「い」로 끝나는 것이 특징이며 혼자서도 술어가 될 수 있습니다.

> 예 大_{おお}きい 크다　長_{なが}い 길다　軽_{かる}い 가볍다

02 형용사의 정중형

「い」로 끝나는 형용사를 정중형으로 바꾸려면 이「い」에「です」를 붙이면 됩니다.
여기서 문법과 관련된 설명을 하나 덧붙이자면 형용사나 동사 등은 문장 형태에 따라 변화를 보이는데 문장이 바뀌어도 변하지 않는 부분은 어간, 변하는 부분은 어미라고 합니다.

> 어미「い」→「いです」

> 예 大_{おお}きい 크다 → 大_{おお}きいです 큽니다
> 長_{なが}い 길다 → 長_{なが}いです 깁니다
> 軽_{かる}い 가볍다 → 軽_{かる}いです 가볍습니다
>
> 東京_{とうきょう}はちょっと暑_{あつ}いです。　동경은 좀 덥습니다.
> 漫画_{まんが}の本_{ほん}はおもしろいです。　만화책은 재미있습니다.

80

03 형용사의 과거형

어미「い」→「かった」

예 大^{おお}きい 크다 → 大^{おお}きかった 컸다
長^{なが}い 길다 → 長^{なが}かった 길었다
軽^{かる}い 가볍다 → 軽^{かる}かった 가벼웠다

※ 이 과거형을 정중형으로 바꾸려면 뒤에「です」를 붙이면 됩니다.

예 ほんとうにおもしろかったです。   정말로 재미있었습니다.

日本^{にほん}の物価^{ぶっか}はとても高^{たか}かったです。   일본의 물가는 매우 비쌌습니다.

04 형용사의 명사 수식

형용사가 명사를 수식하는 역할을 할 때에는 그 형태가 변하지 않습니다. 그냥 형용사의 원형을 명사 앞에 붙여주기만 하면 됩니다.

예 大^{おお}きい 크다 → 大^{おお}きい音^{おと} 큰 소리
長^{なが}い 길다 → 長^{なが}い足^{あし} 긴 다리
軽^{かる}い 가볍다 → 軽^{かる}い心^{こころ} 가벼운 마음

安^{やす}いのはありませんか。   싼 것은 없습니까?
これはあたらしい本^{ほん}です。   이것은 새 책입니다.

□ 日本の旅行 はどうでしたか。　일본 여행은 어땠습니까?

　　東京の夏　동경의 여름은 어땠습니까?

　　東京の物価　동경의 물가는 어땠습니까?

□ ほんとうにおもしろかったです。　정말로 재미있었습니다.

□ とてもよかったです　매우 좋았습니다.

□ とても高かったです。　매우 비쌌습니다.

□ 東京はちょっと 暑い です。　동경은 좀 덥습니다.

　　　　寒い　동경은 좀 춥습니다.

　　　　涼しい　동경은 좀 서늘합니다.

 막강한자

大
큰 대, 클 대

音 たい・だい
뜻 おおきい・おおいに

예
大切 중요함, 소중함　　大会 대회

たいせつ　　　　　　　　たいかい

大丈夫 문제없음　　大いに 대단히, 많이

だいじょうぶ　　　　　　おお

彼女は私にとって大切な人です。

かのじょ　わたし　　　　たいせつ　ひと

그녀는 나에게 있어 소중한 사람입니다.

연습 문제

01 다음 대화를 듣고 빈칸에 들어갈 알맞은 말을 골라보세요.

> A 東京の夏はどうですか。　　동경의 여름은 어떻습니까?
> とうきょう なつ
>
> B 東京はちょっと(　　　)です。　동경은 좀 덥습니다.
> とう きょう

① 暑い　　　　　　　　② 寒い
あつ　　　　　　　　　　さむ

③ 暖かい　　　　　　　④ 涼しい
あたた　　　　　　　　　すず

02 다음을 일본어로 바꿔보세요.

① 일본여행은 어땠습니까?

→ ＿＿＿＿＿＿＿＿＿＿＿＿＿＿＿＿＿＿＿＿＿。

② 좋았습니다.

→ ＿＿＿＿＿＿＿＿＿＿＿＿＿＿＿＿＿＿＿＿＿。

③ 물론 싼 것도 있습니다.

→ ＿＿＿＿＿＿＿＿＿＿＿＿＿＿＿＿＿＿＿＿＿。

03 다음 한자를 읽어보세요.

① 大丈夫　　　　　　　② 大会

03 ① だいじょうぶ　② たいかい

02 ① 日本の旅行はどうでしたか。　② よかったです。
にほん　りょこう
③ もちろん安いのもあります。
やす

01 ① 暑い
あつ

83

PART 2

카메라 사기

07 この デジカメは いくらですか。

코노 데지까메와 이꾸라데스까

이 디지털카메라는 얼마입니까?

 **Dialogue** ◇◇◇

店員　　　いらっしゃいませ。
　　　　　이랏샤이마세

ドンミン　あのう、すみません。
　　　　　아노-　　　　　스미마셍

　　　　　このデジカメはいくらですか。
　　　　　코노 데지까메와 이꾸라데스까

店員　　　さんまんえん
　　　　　3万円です。
　　　　　삼망엔데스

ドンミン　すこ　たか
　　　　　少し高いですね。
　　　　　스꼬시 다까이데스네

　　　　　やす
　　　　　安いのはありませんか。
　　　　　야스이노와 아리마셍까

店員　　　これはいかがですか。2万5千円ですが。
　　　　　코레와 이까가데스까　　　　　니망고셍엔데스가

새로 배우는 어휘

- いらっしゃいませ　　어서 오세요
- デジカメ　　디지털카메라
- 高(たか)い　　비싸다
- いかがですか　　어떠십니까?
- いい　　좋다
- わかりました　　알겠습니다(원형은 わかる)

- すみません　　미안합니다, 실례합니다
- 少(すこ)し　　좀, 조금
- 安(やす)い　　싸다
- 韓国(かんこく)　　한국
- ください　　주십시오, 주세요

ドンミン	これはどこのですか。
	코레와 도꼬노데스까

店員	韓国(かんこく)のものです。
	캉꼬꾸노 모노데스

ドンミン	いいですね。
	이-데스네

	じゃ、これをください。
	쟈　　코레오 구다사이

店員	はい、わかりました。
	하이　　와까리마시따

店員	어서 오세요.
ドンミン	저, 실례합니다. 이 디지털카메라는 얼마입니까?
店員	3만 엔입니다.
ドンミン	좀 비싸군요. 싼 것은 없습니까?
店員	이것은 어떠십니까? 2만 5천 엔입니다만.
ドンミン	이것은 어디 것입니까?
店員	한국산입니다.
ドンミン	좋군요. 그럼, 이것을 주십시오.
店員	예, 알겠습니다.

85

 숫자

1) 한자수사

0	れい・ゼロ	1	いち	2	に	3	さん
4	し・よん	5	ご	6	ろく	7	しち・なな
8	はち	9	きゅう・く	10	じゅう	20	にじゅう
30	さんじゅう	40	よんじゅう	50	ごじゅう	60	ろくじゅう
70	ななじゅう	80	はちじゅう	90	きゅうじゅう	100	ひゃく
200	にひゃく	300	さんびゃく	400	よんひゃく	500	ごひゃく
600	ろっぴゃく	700	ななひゃく	800	はっぴゃく	900	きゅうひゃく
1000	せん	2000	にせん	3000	さんぜん	4000	よんせん
5000	ごせん	6000	ろくせん	7000	ななせん	8000	はっせん
9000	きゅうせん	10000	いちまん				

2) 고유수사

하나	一(ひと)つ	둘	二(ふた)つ	셋	三(みっ)つ	넷	四(よっ)つ	다섯	五(いつ)つ
여섯	六(むっ)つ	일곱	七(なな)つ	여덟	八(やっ)つ	아홉	九(ここの)つ	열	十(とお)

 いらっしゃいませ 어서 오세요

손님을 맞을 때 쓰는 인사말입니다. 가벼운 말에 「いらっしゃい」가 있으나 보통 「いらっしゃいませ」를 많이 사용합니다. 단, 집에 온 손님을 맞이할 때는 「いらっしゃい」를 씁니다.

예	いらっしゃいませ。	어서 오십시오.
	何(なに)にしましょうか。	무엇으로 하시겠습니까?

03 いかがですか 어떠십니까?

「どうですか。(어떻습니까?)」의 존경 표현으로 상대방의 형편을 물을 때나 상대방에게 무엇인가를 권유할 때 쓰는 표현입니다.

> 예 お仕事はいかがですか。　　　하시는 일은 어떠십니까?
> しごと
>
> まあまあです。　　　　　　　그저 그렇습니다.
>
> ここはコーヒーが有名です。デザートにいかがですか。
> ゆうめい
> 여기는 커피가 유명합니다. 디저트로 어떠십니까?

04 ~を ください ~을 주십시오

「くださる(주시다)」라는 동사에서 온 말로 뜻은 「주세요, 주십시오」입니다.
상대방에게 명령, 부탁 시에 쓰입니다. 그 활용을 살펴보면 다음과 같습니다.

> 예 コーヒーをください。　　　커피 주세요.
>
> これをください。　　　　　이거 주세요.
>
> たばこをひとはこください。　담배 한 갑 주세요.

□ この　デジカメ　はいくらですか。　　　이 디지털카메라는 얼마입니까?

　　　　スマホ　　　　　　　　　　　　　이 스마트폰은 얼마입니까?

　　　　けいたい
　　　　携帯　　　　　　　　　　　　　　이 휴대폰은 얼마입니까?

□ すこ　たか
　少し　高い　　ですね。　　　　　　　좀 비싸군요.

　　　　おおきい　　　　　　　　　　　좀 크군요.

　　　　きつい　　　　　　　　　　　　좀 끼는군요.

□ これは　どこの　　　ですか。　　　　이것은 어디 것입니까?

　　　　かんこく
　　　　韓国のもの　　　　　　　　　　이것은 한국 것입니까?

　　　　ちゅうごく
　　　　中国のもの　　　　　　　　　　이것은 중국 것입니까?

国	예	こっか 国家 국가	こくせい 国政 국정
나라 국		こくみん 国民 국민	くにぐに 国国 여러나라

음 こく
뜻 くに

かんこく　ほうちこっか
韓国は法治国家です。　한국은 법치국가입니다.

연습문제

01 다음 대화를 듣고 빈칸에 들어갈 알맞은 말을 골라보세요.

> A このデジカメはいくらですか。　이 디지털 카메라는 얼마입니까?
>
> B （　　　　　　）です。　　　이만 오천원입니다.

にまんごせんえん
① 2万5千円

いちまんえん
② 1万円

さんまんえん
③ 3万円

ごまんえん
④ 5万円

02 다음을 일본어로 바꿔보세요.

① 싼 것은 없습니까?

→ _____。

② 이것은 어떠십니까?

→ _____。

③ 국산입니다.

→ _____。

03 다음 한자를 읽어보세요.

① 国民　　　　　② 国国

03 ① こくみん　② こく〈に〉

02 ① 安いのはありませんか。　② これはいかがですか。　③ 韓国のものです。
01 ① 2万5千円
にまんごせんえん

89

PART 2

맛집

08

このレストランはとても きれいですね。

코노 레스또랑와 토떼모 키레-데스네

이 레스토랑은 매우 깨끗하군요.

Dialogue

金	**このレストランはとてもきれいですね。** 코노 레스또랑와 토떼모 키레-데스네
山田(やまだ)	**ええ、そして静(しず)かです。** 에- 소시떼 시즈까데스
金	**古(ふる)いところですか。** 후루이 토꼬로데스까
山田(やまだ)	**いいえ、新(あたら)しいレストランです。** 이-에 아따라시- 레스또랑데스
金	**料理(りょうり)はどうですか。** 료-리와 도-데스까
山田(やまだ)	**もちろん料理(りょうり)もおいしくて値段(ねだん)も手頃(てごろ)です。** 모찌롱 료-리모 오이시꾸떼 네담모 테고로데스
金	**交通(こうつう)の便(びん)はどうですか。** 코-쯔-노 빈와 도-데스까

90

새로 배우는 어휘

● レストラン	레스토랑	● とても	매우, 아주	● きれいだ	깨끗하다
● そして	그리고	● 静(しず)かだ	조용하다	● 古(ふる)い	낡다, 오래되다
● 新(あたら)しい	새롭다	● もちろん	물론	● 料理(りょうり)	요리
● おいしい	맛있다	● 値段(ねだん)	가격	● 手頃(てごろ)だ	적당하다
● 交通(こうつう)の便(びん)	교통편	● 便利(べんり)だ	편리하다		

山田(やまだ)

こうつう　　　　　　　　べんり
交通はあまり便利ではありません。

코-쯔-와 아마리 벤리데와 아리마셍

Tip

우리말에는 없는 품사 – 명사형용사

이과에서 다룰 내용은 명사형용사입니다. 형용사의 어미가 「い」로 끝나듯이 「だ」로 끝난다는 일정한 규칙을 가지고 있지요. 그런데 왜 명사형용사라고 할까요? 그것은 사물의 성질을 나타낸다는 점은 형용사의 성질과 같고, 문법적인 활용은 명사와 같다고 해서 붙여진 이름입니다. 지금까지는 정중형으로 문장을 배워왔지만 (です)「~이다」는 「だ」라고 하지요. 그래서 「이것은 책이다」는 「これは 本だ。」라고 합니다.

이렇듯 명사와 비슷한 점이 많은데 차이점이 있다면 명사형용사는 명사를 수식할 때 「だ」가 「な」로 바뀌는 점이지요. 그리고 형용사와의 관계를 따져서 명사형용사는 「な형용사」, 형용사는 「い형용사」라고 합니다. 그럼 한 번 본격적으로 시작해볼까요?

金	이 레스토랑은 매우 깨끗하군요.
山田	예, 그리고 조용합니다.
金	오래된 곳입니까?
山田	아니오, 새로 지은 레스토랑입니다.
金	요리는 어떻습니까?
山田	물론 요리도 맛있고 가격도 적당합니다.
金	교통편은 어떻습니까?
山田	교통은 그다지 편리하지 않습니다.

01 명사형용사

명사형용사란 말 그대로 명사의 성격과 형용사의 성격을 지닌 품사입니다. 단독으로 술어가 될 수 있으며 형용사의 어미처럼 그 형태가 일정하게 「だ」끝나는 특징이 있습니다. 또한 사물의 성질, 상태를 나타내는 점에서는 형용사와 같고 명사와 거의 같은 활용을 한다하여 명사형용사라고도 합니다. 또한 명사를 수식할 때에는 「だ」가 「な」로 바뀐다 하여 な형용사라고도 합니다.

> 예 元気だ 건강하다   まじめだ 성실하다   静かだ 조용하다

02 명사형용사의 정중형

「だ」로 끝나는 형용사를 정중형으로 바꾸려면 이 「だ」를 「です」로 바꾸면 됩니다.

> 어미 「だ」 → 「です」

> 예 元気だ 건강하다 → 元気です 건강합니다
> まじめだ 성실하다 → まじめです 성실합니다
>
> このレストランはとてもきれいです。   이 레스토랑은 매우 깨끗합니다.
> 図書館は静かです。   도서관은 조용합니다.

03 명사형용사의 부정형

명사형용사를 부정표현으로 바꾸려면 어미 「~だ」를 「ではない」로 바꾸면 됩니다.
「ではない」의 정중형은 「ではないです」 또는 「ではありません」입니다.

```
어미「だ」→「ではない」
```

예 元気だ　건강하다　→　元気ではない　건강하지 않다

まじめだ　성실하다　→　まじめではない　성실하지 않다

交通はあまり便利ではない。　교통은 그다지 편리하지 않다.

このレストランは親切ではありません。　이 레스토랑은 친절하지 않습니다.

 명사형용사의 그 밖의 활용

1) 명사형용사의 명사 수식

명사형용사가 명사를 수식할 때는 어미「だ」를「な」로 바꿉니다.

```
어미「だ」→「な」
```

예 元気だ　건강하다　→　元気な人　건강한 사람

まじめだ　성실하다　→　まじめな青年　성실한 청년

2) 명사형용사의 중지법

명사형용사를「~고, ~서」식의 표현으로 바꾸려면 어미「だ」를「で」로 바꾸면 됩니다.

```
어미「だ」→「で」
```

예 元気だ　건강하다　→　元気で　건강하고

まじめだ　성실하다　→　まじめで　성실하고

□ このレストランはとても　きれい　ですね。　이 레스토랑은 매우 깨끗하군요.

　　　　　　　　　　　　しずか　　　　　　　이 레스토랑은 매우 조용하군요.

　　　　　　　　　　しんせつ
　　　　　　　　　　親切　　　　　　　　　　이 레스토랑은 매우 친절하군요.

りょうり
□ 料理も　おいしくて　値段も手頃です。　요리도 맛있고 가격도 적당합니다.
　　　　　　　　　　　ねだん　てごろ

　　　　　やすくて　　おいしいです。　　　요리가 싸고 맛있습니다.

りょうり
□ 料理も　やすくなかったですが、おいしかったです。

　　　　　　　　　　　　　　　　요리가 싸지는 않았습니다만, 맛있었습니다.

　　　　　　べんり
□ あまり　便利　　　　ではありません。　그다지 편리하지 않습니다.

　　　しず
　　　静か　　　　　　　　　　　　　　　　그다지 조용하지 않습니다.

　　　きれい　　　　　　　　　　　　　　　그다지 깨끗하지 않습니다.

막강 한자

切
끊을 절

음 せつ・さい
뜻 きる・きれる

예
せつだん
切断 절단

き
つめ切り 손톱 깎기

いっさい
一切 일절

しなぎ
品切れ 품절

わたし　くすり　いっさい　の
私は薬は一切飲みません。　나는 약은 일절 먹지 않습니다.

94

01 다음 대화를 듣고 빈칸에 들어갈 알맞은 말을 골라보세요.

> A 交通の便はどうですか。　　　　　　　교통편은 어떻습니까?
>
> B 交通はあまり(　　　　)ではありません。교통은 그다지 편리하지 않습니다.

① おいしい　　　　　　　② 静か

③ 便利　　　　　　　　　④ きれい

02 다음을 일본어로 바꿔보세요.

① 오래된 곳입니까?

　　→ _____。

② 새로 지은 레스토랑입니다.

　　→ _____。

③ 물론 요리도 맛있고 가격도 적당합니다.

　　→ _____。

03 다음 한자를 읽어보세요.

① つめ切り　　　　　　　② 品切れ

PART 2

주말 보내기

09

いちにちじゅう　そうじ
一日中、掃除をしました。

이찌니찌쥬- 소-지오 시마시따

하루종일 청소를 했습니다.

Dialogue

金	しゅうまつ　なに あなたは週末に何をしますか。 아나따와 슈-마쯔니 나니오 시마스까
スミス	ふつう　　　　　　　　み 普通はビデオを見ます。 후쯔-와 비데오- 미마스
金	デートはしませんか。 데-또와 시마셍까
スミス	もちろんデートもします。 모찌롱 데-또모 시마스
金	にちようび　あさはや　　お 日曜日に朝早く起きますか。 니찌요-비니 아사 하야꾸 오끼마스까
スミス	よる　　　　ね　　あさ　　お いいえ、夜おそく寝て、朝おそく起きます。 이-에　요루 오소꾸 네떼　아사 오소꾸 오끼마스
金	せんしゅう　にちようび　　　　　　い そうですか。先週の日曜日はどこかへ行きましたか。 소-데스까　센슈-노 니찌요-비와 도꼬까에 이끼마시따까

96

- 週末(しゅうまつ) 주말
- ビデオ 비디오
- しません 하지않습니다
- 起(お)きる 일어나다
- 寝(ね)る 자다
- 一日中(いちにちじゅう) 하루종일

- 何(なに) 무엇
- します 합니다(원형은する)
- 朝(あさ) 아침
- 夜(よる) 밤
- 先週(せんしゅう) 지난주
- 掃除(そうじ) 청소

- 普通(ふつう) 보통
- デート 데이트
- 早(はや)く 일찍
- おそく 늦게
- 試験(しけん) 시험

スミス 試験(しけん)がありましたので、どこにも行(い)きませんでした。
시껭가 아리마시따노데 도꼬니모 이끼마셍데시따

あなたは。
아나따와

金 一日中(いちにちじゅう)、掃除(そうじ)をしました。
이찌니찌쥬- 소-지오 시마시따

취미

サイクリング	사이클링
テニス	테니스
スケート	스케이트
ゴルフ	골프
スキューバダイビング	스쿠버다이빙
ギター	기타
スキー	스키
ジョギング	조깅
ボーリング	볼링
エアロビクス	에어로빅

金	당신은 주말에 무엇을 합니까?
スミス	보통은 비디오를 봅니다.
金	데이트는 하지 않습니까?
スミス	물론 데이트도 합니다.
金	일요일에 아침 일찍 일어납니까?
スミス	아니오, 밤늦게 자서 아침 늦게 일어납니다.
金	그렇습니까?
	지난주 일요일은 어딘가에 갔었습니까?
スミス	시험이 있었기 때문에 아무데도 가지 못했습니다.
	당신은요?
金	하루종일 청소를 하였습니다.

97

 동사 · 동사의 종류

동사는 사물의 동작 · 존재 · 상태 · 작용 등을 나타내는 품사입니다. 그 끝이 모두 「u」모음으로 끝나는 특징이 있으며 그 형태에 따라 다음과 같이 분류됩니다.

①u동사 : 끝이 「u」로 끝나는 동사를 말합니다.

> 예 書^かく 쓰다　　　言^いう 말하다

②ru동사 : 끝이 「ru」로 끝나면서 앞이 「い」단이나 「え」단으로 끝나는 동사를 말합니다.

> 예 起^おきる 일어나다　　得^える 얻다

③**불규칙동사** : 말 그대로 그 활용의 형태가 일정하지 않고 불규칙하게 변하는 동사를 말합니다.

> 예 来^くる 오다　　　　する 하다

| 行^(い)く 가다 | 立^(た)つ 서다 | 見^(み)る 보다 |
| 食^(た)べる 먹다 | 来^(く)る 오다 | する 하다 |

　※ ru동사인 것 같으면서 u동사인 경우도 있습니다.

| 帰^(かえ)る 돌아가다, 돌아오다 | 入^(はい)る 들어가다 | 知^(し)る 알다 |
| 切^(き)る 끊다, 자르다 | 交^(ま)じる 섞다 | 走^(はし)る 달리다 | 照^(て)る 비치다 |

 동사의 정중형

①u동사 : 어미 「う단」을 「い단」으로 바꾸고 「ます」를 붙여 주면 됩니다.

> 어미 **う**단 → **い**단 + **ます**
> 예 書^かく → 書^かきます(씁니다)

②ru동사: 「る」를 없애고 「ます」를 붙여 주면 됩니다.

い단 + る → い단 + ます (상1단 동사)　　예 見る → 見ます 봅니다

え단 + る → え단 + ます (하1단 동사)　　예 食べる → 食べます 먹습니다

③불규칙동사

예 来る 오다 → 来ます 옵니다　　　する 하다 → します 합니다

ます의 활용

「ます」의 여러 가지 활용에 관해 익혀보도록 하겠습니다.

- 「ます」의 의문형　　→ 「ますか」
- 「ます」의 부정형　　→ 「ません」
- 「ます」의 과거형　　→ 「ました」
- 「ます」의 과거의문형　→ 「ましたか」
- 「ます」의 과거부정형　→ 「ませんでした」

예 デートはしませんか。　　　　　　　　　　　데이트는 하지 않습니까?

先週の日曜日はどこかへ行きましたか。　지난주 일요일은 어딘가에 갔었습니까?

~中 ~중

「~中」은 「じゅう」와 「ちゅう」 두 가지로 읽히는데 그에 따라 뜻에도 차이를 보입니다.
전자의 경우에는 앞에 오는 말이 나타내는 기간 내내라는 뜻이며, 후자는 그 일정기간 동안에 일
어난 것을 가리킵니다. 예문과 함께 살펴보면 다음과 같습니다.

예 一日中 하루 내내　　世界中 온 세계　　会議中 회의 중　　授業中 수업 중

□ 私は週末に　テレビを見ます。　나는 주말에 텔레비전을 봅니다.

　　　　　　　デートをします。　나는 주말에 데이트를 합니다.

　　　　　　　掃除をします。　나는 주말에 청소를 합니다.

□ 試験がありましたので　どこにも行きませんでした。
　　　　　　　　　　　　시험이 있었기 때문에 아무데도 가지 못했습니다.

　商談がありましたので　상담이 있었기 때문에 아무데도 가지 못했습니다.

　風邪をひいて　감기에 걸려서 아무데도 가지 못했습니다.

□ 一日中　掃除　をしました。　하루종일 청소를 했습니다.

　　　　　勉強　하루종일 공부를 했습니다.

　　　　　運動　하루종일 운동을 했습니다.

 막강 한자

日	예	日曜日 일요일	祭日 제삿날

日
날 일

음 にち・じつ
뜻 ひ・か

예
日曜日 일요일　　祭日 제삿날
連日 연일　　こどもの日 어린이날

24日は日曜日です。 24일은 일요일입니다.

01 다음 대화를 듣고 빈칸에 들어갈 알맞은 말을 골라보세요.

> A あなたは週末に何をしますか。 당신은 주말에 무엇을 합니까?
>
> B 普通は(   ) 보통은 운동을 합니다.

① テレビを見ます。　　　② デートをします。

③ 運動をします。　　　④ 掃除をします。

02 다음을 일본어로 바꿔보세요.

① 데이트는 하지 않습니까?

　　→ _____。

② 일요일에 아침 일찍 일어납니까?

　　→ _____。

③ 지난주 일요일은 어딘가에 갔었습니까?

　　→ _____。

03 다음 한자를 읽어보세요.

① 日曜日　　　　　② 祭日

03 ① にちようび　② さいじつ

02 ① デートはしませんか。
② 日曜日に朝早く起きますか。
③ 先週の日曜日はどこかに行きましたか。

01 ③ 運動をします。

10

운전면허

<ruby>運転免許<rt>うんてんめんきょ</rt></ruby>は<ruby>取<rt>と</rt></ruby>りましたが、
<ruby>上手<rt>じょうず</rt></ruby>ではありません。

웅뗌멩꾜와 토리마시따가 죠-즈데와 아리마셍

운전면허는 땄습니다만 잘하지는 못합니다.

 **Dialogue** ✕✕✕✕✕✕✕✕✕✕✕✕✕✕✕✕✕✕✕✕✕✕✕✕✕✕✕✕✕✕✕✕

스미스 　ドンミンさんは<ruby>運転<rt>うんてん</rt></ruby>ができますか。
　　　　동민상와 웅뗑가 데끼마스까

ドンミン　いいえ、<ruby>少<rt>すこ</rt></ruby>しもできません。
　　　　이-에　　　　　스꼬시모 데끼마셍

　　　　スミスさんはどうですか。
　　　　스미스상와 도-데스까

スミス　<ruby>運転免許<rt>うんてんめんきょ</rt></ruby>は<ruby>取<rt>と</rt></ruby>りましたが、<ruby>上手<rt>じょうず</rt></ruby>ではありません。
　　　　웅뗌멩꾜와 토리마시따가　　　　　　　　죠-즈데와 아리마셍

ドンミン　スミスさんは<ruby>運転<rt>うんてん</rt></ruby>ができましたね。
　　　　스미스상와 웅뗑가 데끼마시따네

スミス　ええ、できます。
　　　　에-　　　데끼마스

ドンミン　なぜソウルでは<ruby>運転<rt>うんてん</rt></ruby>をしませんでしたか。
　　　　나제 소우루데와 웅뗑오 시마셍데시따까

● 運転(うんてん)	운전	● できる	할 수 있다
● 少(すこ)しも	전혀, 조금도	● 運転免許(うんてんめんきょ)	운전면허
● 取(と)る	따다, 취득하다	● 上手(じょうず)だ	잘하다, 능숙하다
● なぜ	왜	● ソウル	서울
● 道(みち)	길	● から	때문에

スミス　　　　ええ、道(みち)がわからないからです。
에-　　　　　미찌가 와까라나이까라데스

tip

取(と)る

「운전면허를 따다」라는 표현은 「運転免許(うんてんめんきょ)を取(と)る」라고 합니다. 여기서 取(と)る라는 동사는 쓰임새가 많은데 자주 사용되는 몇 가지만 알아볼까요?

本(ほん)を取(と)る	책을 집다
運転免許(うんてんめんきょ)を取(と)る	운전면허를 따다
月給(げっきゅう)を取(と)る	월급을 받다
食事(しょくじ)を取(と)る	식사를 들다
事務(じむ)を取(と)る	사무를 보다
席(せき)を取(と)る	자리를 잡아 두다

スミス	동민 씨는 운전을 할 수 있습니까?
ドンミン	아니오, 전혀 할 수 없습니다.
	스미스 씨는 어떻습니까?
スミス	운전면허는 땄습니다만 잘하지는 못합니다.
ドンミン	스미스 씨는 운전을 할 줄 아셨군요.
スミス	예, 할 수 있습니다.
ドンミン	왜 서울에서는 운전을 하지 않았습니까?
スミス	예, 길을 몰라서요.

 ~が できる ~을(를) 할 수 있다

「できる」 자체 내에 가능의 뜻이 포함되어 있습니다. 이것이 체언과 결합하면 가능의 뜻을 나타냅니다. 앞에 조사 「が」가 옴에 유의합니다. 「できる」의 정중형은 「できます」입니다.

<blockquote>

예 わたしは日^{にほん}本語^ごができます。　　　　나는 일본어를 할 수 있습니다.

　　わたしは水^{すいえい}泳ができます。　　　　나는 수영을 할 수 있습니다.

　　わたしは運^{うんてん}転ができます。　　　　나는 운전을 할 수 있습니다.

</blockquote>

 できる의 부정형 · 과거형

「できる」의 부정형과 과거형에 관해서 공부하기로 하겠습니다.

┌──────────────────────────┐
│ 「できる」의 부정형 → できません │
└──────────────────────────┘

<blockquote>

예 あなたは日^{にほん}本語^ごができますか。　당신은 일본어를 할 수 있습니까?

　　いいえ、日^{にほん}本語^ごはできません。　아니오, 일본어는 할 수 없습니다 (못합니다).

</blockquote>

┌──────────────────────────┐
│ 「できる」의 과거형 → できました │
└──────────────────────────┘

<blockquote>

예 スミスさんは運^{うんてん}転ができましたね。　스미스 씨는 운전을 할 줄 아셨군요.

　　あなたは水^{すいえい}泳ができましたね。　당신은 수영을 할 줄 아셨군요.

</blockquote>

03 少(すこ)しも 전혀, 조금도

「전혀, 조금도」의 뜻으로, 「少(すこ)ししか(조금밖에)」와 혼동하지 않도록 주의해야 합니다.

> 예 あなたは運転(うんてん)ができますか。　　　당신은 운전을 할 수 있습니까?
>
> いいえ、少(すこ)しもできません。　　　아니오, 전혀 할 수 없습니다.
>
> まだ少(すこ)ししかできません。　　　아직 조금밖에 할 수 없습니다.

04 ～から ~ 때문에, ~니까

앞에 오는 내용이 뒤에 오는 내용의 원인이나 이유를 나타낼 때 쓰이는 표현입니다.

> 예 なぜソウルでは運転(うんてん)をしませんでしたか。　　왜 서울에서는 운전을 하지 않았습니까?
>
> ええ、道(みち)がわからないからです。　　　예, 길을 몰라서요.
>
> 数学(すうがく)がお得意(とくい)ですから、試験(しけん)はだいじょうぶですね。
>
> 　　　수학을 잘하시니까 시험은 걱정 없겠군요.

□ ドンミンさんは 運転 （うんてん） ができますか。 동민 씨는 운전을 할 수 있습니까?

水泳 （すいえい） 동민 씨는 수영을 할 수 있습니까?

日本語 （にほんご） 동민 씨는 일본어를 할 수 있습니까?

□ 運転免許は取りましたが、 （うんてんめんきょ）（と）

운전면허는 땄습니다만, 잘하지는 못합니다.

운전면허는 땄습니다만, 그저 그렇습니다.

운전면허는 땄습니다만, 아직 서툽니다.

上手ではありません。 （じょうず）

まあまあです。

まだ下手です。 （へた）

□ できます。

少しもできません。 （すこ）

조금도 할 수 없습니다.

ぜんぜんだめです。

전혀 못합니다.

 막상 한자

安

편안할 안

음 あん

뜻 やすい

예 安心 （あんしん） 안심

安全 （あんぜん） 안전

安物 （やすもの） 싸구려

この財布は安物です。 （さいふ）（やすもの） 이 지갑은 싸구려입니다.

연습 문제

01 다음 대화를 듣고 빈칸에 들어갈 알맞은 말을 골라보세요.

> A なぜソウルでは運転_{うんてん}をしませんでしたか。　왜 서울에서는 운전을 하지 않았습니까?
>
> B （　　　　　　）がわからないからです。　길을 몰라서요.

① 道_{みち}　　　　　　　　② 車_{くるま}

③ 機械_{きかい}　　　　　　　④ 言語_{ごんご}

02 다음을 일본어로 바꿔보세요.

① 동민 씨는 운전을 할 수 있습니까?

　→ ＿＿＿＿＿＿＿＿＿＿＿＿＿＿＿＿＿＿＿＿＿。

② 운전면허는 땄습니다만, 아직 서툽니다.

　→ ＿＿＿＿＿＿＿＿＿＿＿＿＿＿＿＿＿＿＿＿＿。

③ 스미스 씨는 운전을 할 줄 아셨군요.

　→ ＿＿＿＿＿＿＿＿＿＿＿＿＿＿＿＿＿＿＿＿＿。

03 다음 한자를 읽어보세요.

① 安全　　　　　　② 安物

01　① 道_{みち}　02　① ドンミンさんは運転_{うんてん}ができますか。
　　② 運転免許_{うんてんめんきょ}は取_とりましたが、まだ下手_{へた}です。
　　③ スミスさんは運転_{うんてん}ができるんですね。
03　① あんぜん　② やすもの

107

PART 2

시험날짜

11

こんど　しけん
今度の試験は

しがつさんじゅうにち　　　　ごがつふつか
4月30日から5月2日までです。

콘도노 시껜와 시가쯔 산쥬-니찌까라 고가쯔 후쯔까마데데스

이번 시험은 4월 30일부터 5월 2일까지입니다.

Dialogue

金
こんげつ　なんがつ
今月は何月ですか。
콩게쯔와 낭가쯔데스까

山本(やまもと)
しがつ
4月です。
시가쯔데스

金
しけん　　らいしゅう　げつようび
試験は来週の月曜日からです。
시껜와 라이슈-노 게쯔요-비까라데스

山本(やまもと)
え、ほんとうですか。
에　　　　혼또-데스까

いつからいつまでですか。
이쯔까라 이쯔마데데스까

金
こんど　　　しけん　　しがつさんじゅうにち　　ごがつふつか
今度の試験は4月30日から5月2日までです。
콘도노 시껜와 시가쯔 산쥬-니찌까라 고가쯔 후쯔까마데데스

山本(やまもと)
むずか
難しいですか。
무즈까시-데스까

108

• 今月 (こんげつ)	이번 달	• 何月 (なんがつ)	몇 월
• 月曜日 (げつようび)	월요일	• ほんとうですか	정말입니까?
• いつ	언제	• 今度 (こんど)	이번
• 試験 (しけん)	시험	• ~から ~まで	~부터 ~까지
• 難 (むずか) しい	어렵다		

金   ええ、少し難しいです。

에-   스꼬시 무즈까시-데스

Q: 2일을 읽는 것이 좀 특이해 보이네요.

A: 예, 다음 페이지에서 자세히 익히기는 하겠지
   만 1일부터 10일까지는 고유수사(하루, 이틀…)
   를 쓰고 11일부터는 한자수사(11일, 12일…)를
   씁니다. 하지만 한자수사라도 14일, 20일, 24일
   등은 읽는 법이 아주 특이하지요.

   14일 (じゅうよっか)
   20일 (はつか)
   24일 (にじゅうよっか)

金	이번 달은 몇 월입니까?
山本	4월입니다.
金	시험은 다음주 월요일부터입니다.
山本	예, 정말입니까?
	언제부터 언제까지입니까?
金	이번 시험은 4월 30일부터 5월 2일까지입니다.
山本	어렵습니까?
金	예, 조금 어렵습니다.

 월

1월부터 12월까지 발음에 유의하며 익혀보도록 합니다.

1월	いちがつ	2월	にがつ	3월	さんがつ	4월	しがつ
5월	ごがつ	6월	ろくがつ	7월	しちがつ	8월	はちがつ
9월	くがつ	10월	じゅうがつ	11월	じゅういちがつ	12월	じゅうにがつ
몇 월	なんがつ						

 일

하루에서 열흘까지는 고유수사를 써서 표현합니다. 발음에 주의하며 차근차근 익히도록 합니다.
14일, 20일, 24일에 특히 주의하세요.

1일	ついたち	2일	ふつか	3일	みっか	4일	よっか
5일	いつか	6일	むいか	7일	なのか	8일	ようか
9일	ここのか	10일	とおか	11일	じゅういちにち	12일	じゅうににち
13일	じゅうさんにち	14일	*じゅうよっか	15일	じゅうごにち	16일	じゅうろくにち
20일	*はつか	24일	*にじゅうよっか	몇 일	なんにち		

 요일

탁음 발음에 유의하며 큰소리로 익혀 보세요.

월요일	月曜日 (げつようび)	화요일	火曜日 (かようび)	수요일	水曜日 (すいようび)
목요일	木曜日 (もくようび)	금요일	金曜日 (きんようび)	토요일	土曜日 (どようび)
일요일	日曜日 (にちようび)				

~から~まで ~에서 ~까지

시간이나 거리 등의 시작과 끝을 나타낼 때 쓰이는 표현입니다.

그 사용례를 살펴보기로 할까요?

> 예 テストは何時^{なんじ}から何時^{なんじ}までですか。　　테스트는 몇 시부터 몇 시까지입니까?
>
> 授業^{じゅぎょう}は何時^{なんじ}から何時^{なんじ}までですか。　　수업은 몇 시부터 몇 시까지입니까?
>
> 貸^かし出^だしは何時^{なんじ}から何時^{なんじ}までですか。　　대출은 몇 시부터 몇 시까지입니까?

계절

날짜에 관련된 것을 배우다 보니 계절을 잊고 지나간 것 같습니다. 일본도 우리와 마찬가지로 4계절이 있으며 남북으로 긴 지형을 갖고 있기 때문에 기후가 다양하게 나타납니다.

春^{はる} 하루 봄　　夏^{なつ} 나쯔 여름　　秋^{あき} 아끼 가을　　冬^{ふゆ} 후유 겨울

* 春^{はる}はあたたかいです。　　봄은 따뜻합니다.

* 夏^{なつ}はあついです。　　여름은 덥습니다.

* 秋^{あき}はすずしいです。　　가을은 서늘합니다.

* 冬^{ふゆ}はさむいです。　　겨울은 춥습니다.

111

□ 今月は　4月　です。　　　　　이번 달은 4월입니다.

　　　　　9月　　　　　　　　이번 달은 9월입니다.

　　　　　12月　　　　　　　　이번 달은 12월입니다.

□ 試験は　来週の月曜日　です。　　시험은 다음주 월요일입니다.

　　　　　来月の2日　　　　　시험은 다음달 2일입니다.

　　　　　あさって　　　　　　시험은 모레입니다.

□ 今度の　試験　はいつですか。　이번 시험은 언제입니까?

　　　　　結婚式　　　　　　　결혼식은 언제입니까?

　　　　　お誕生日　　　　　　생일은 언제입니까?

 막강 한자

春
봄 춘
음 しゅん
뜻 はる

예　春分 춘분　　立春 입춘

春はあたたかいです。　봄은 따뜻합니다.

112

01 다음 대화를 듣고 빈칸에 들어갈 알맞은 말을 골라보세요.

> こんど　しけん
> A 今度の試験はいつからいつまでですか。 이번 시험은 언제부터 언제까지입니까?
>
> B （　　）から（　　）までです。　　　4월 30일부터 5월 2일까지입니다.

しがつさんじゅうにち　ごがつふつか
① 4月30日, 5月2日

しがつにじゅうはちにち　ごがつついたち
② 4月28日, 5月1日

しがつさんじゅうにち　ごがつついたち
③ 4月30日, 5月1日

しがつにじゅうくにち　ごがつふつか
④ 4月29日, 5月2日

02 다음을 일본어로 바꿔보세요.

① 시험은 다음주 월요일부터입니다.

→ _____。

② 시험은 다음달 2일입니다.

→ _____。

③ 조금 어렵습니다.

→ _____。

03 다음 한자를 읽어보세요.

① 立春　　　　　② 春分

03 ① りっしゅん　② しゅんぶん
02 ① 試験は来週の月曜日からです。
　　しけん　らいしゅう　げつようび
② 試験は来月の2日です。
　　しけん　らいげつ　ふつか
③ 少し難しいです。
　　すこ　むずか
01 ① 4月30日, 5月 2日
　　しがつさんじゅうにち　ごがつふつか

113

PART 2

힘든 공부

12 何時間ぐらい勉強しますか。
なんじかん　　　　　　べんきょう

난지깡구라이 벵꾜-시마스까

몇 시간 정도 공부합니까?

 **Dialogue**

山田(やまだ)
試験は何時からですか。
しけん　なんじ
시껜와 난지까라데스까

金
午前9時からです。
ごぜん　くじ
고젱 쿠지까라데스

山田(やまだ)
たいへんですね。あしたもありますか。
타이헨데스네　　　　　　아시따모 아리마스까

金
ええ、あります。
에-　　　아리마스

山田(やまだ)
どんな科目ですか。
かもく
돈나 카모꾸데스까

金
数学です。しかし、わたしは数学がにがてです。
すうがく　　　　　　　　　　　　すうがく
스-가꾸데스　　시까시 와따시와 스-가꾸가 니가떼데스

山田(やまだ)
何時間ぐらい勉強しますか。
なんじかん　　　べんきょう
난지깡구라이 벵꾜-시마스까

114

새로 배우는 어휘

● 何時(なんじ)	몇 시	● 午前(ごぜん)	오전
● たいへんだ	힘들다, 큰일이다	● あした	내일
● どんな	어떤	● 科目(かもく)	과목
● 数学(すうがく)	수학	● にがてだ	서툴다
● 何時間(なんじかん)ぐらい	몇 시간 정도		

金
ごじかん　べんきょう
5時間ぐらい勉強します。

고지깡구라이 벵꾜-시마스

+tip

때에 관련된 말

あさ
朝 아침　　ひる
昼 점심　　よる
夜 저녁

ごぜん
午前 오전　　ごご
午後 오후　　けさ
今朝 오늘 아침

* いつごろですか。　　언제쯤입니까?

* けさ
今朝です。　　오늘 아침입니다.

山田	시험은 몇 시부터입니까?
金	오전 9시부터입니다.
山田	힘들겠군요. 내일도 있습니까?
金	예, 있습니다.
山田	어떤 과목입니까?
金	수학입니다. 그러나 나는 수학이 서툽니다.
山田	몇 시간 정도 공부합니까?
金	5시간 정도 공부합니다.

115

01 시

~시를 나타내는 표현입니다. 4시와 7시의 발음이 특이한 점에 유의하며 익혀보도록 합니다.

1시	いちじ	2시	にじ	3시	さんじ	4시	よじ
5시	ごじ	6시	ろくじ	7시	しちじ・ななじ	8시	はちじ
9시	くじ	10시	じゅうじ	11시	じゅういちじ	12시	じゅうにじ
몇 시	なんじ						

02 분

~분은 발음이 때에 따라 조금씩 변하여 조금은 까다롭습니다.
발음에 특히 유의해 가며 공부하도록 합니다.

1분	いっぷん	2분	にふん	3분	さんぷん	4분	よんぷん
5분	ごふん	6분	ろっぷん	7분	しちふん・ななふん	8분	はちふん・はっぷん
9분	きゅうふん	10분	じゅっぷん・じっぷん	11분	じゅういっぷん	12분	じゅうにふん
몇 분	なんぷん						

03 때

과거・현재・미래 등 때에 관련된 표현에도 여러 가지가 있겠죠. 기본적인 시간 외에 때에 관련된
표현에 관해서 익혀보도록 하겠습니다.

ひ
日

예 おととい 그저께　きのう 어제　きょう 오늘　あした 내일　あさって 모레

^{しゅう}
週

예 せんせんしゅう 지지난주　　せんしゅう 지난주　　こんしゅう 이번주
らいしゅう 다음주　　さらいしゅう 다다음주

^{げつ}
月

예 せんせんげつ 지지난달　　せんげつ 지난달　　こんげつ 이달
らいげつ 다음달　　さらいげつ 다다음달

^{ねん}
年

예 おととし 재작년　　　　きょねん 작년　　ことし 금년
らいねん 내년　　　　さらいねん 내후년

~くらい ~쯤, 정도

「くらい」는 어떤 것의 정도를 나타낼 때 쓰이는 말입니다. 예와 함께 그 표현을 익혀보도록 하겠습니다.

예 何時間（なんじかん）ぐらい勉強（べんきょう）しますか。　　　몇 시간 정도 공부합니까?

5時間（じかん）ぐらい勉強（べんきょう）します。　　　5시간 정도 공부합니다.

駅（えき）までの距離（きょり）はどのぐらいありますか。　　역까지의 거리는 어느 정도 됩니까?

□ 試験は　午前9時　からです。　　시험은 오전 9시부터입니다.
　　　　　午前10時　　　　　　　시험은 오전 10시부터입니다.
　　　　　午後2時　　　　　　　시험은 오후 2시부터입니다.

□ わたしは　数学　がにがてです。　나는 수학이 서툽니다.
　　　　　　英語　　　　　　　　나는 영어가 서툽니다.
　　　　　　科学　　　　　　　　나는 과학이 서툽니다.

□ 5時間ぐらい　勉強します。　5시간 정도 공부합니다.
　8時間ぐらい　　　　　　　8시간 정도 공부합니다.
　一日中　　　　　　　　　하루종일 공부합니다.

막상한자

秋
가을 추

음 しゅう
뜻 あき

예 秋分 추분　　　立秋 입추
　しゅうぶん　　　りっしゅう

春秋 춘추
しゅんじゅう

私は秋に生まれました。 나는 가을에 태어났습니다.
わたし　あき　う

연습문제

01 다음 대화를 듣고 빈칸에 들어갈 알맞은 말을 골라보세요.

> A 何時間ぐらい勉強しますか。 몇 시간 정도 공부합니까?
>
> B (   )勉強します。 2시간 공부합니다.

① 5時間ぐらい   ② 1時間ぐらい

③ 2時間ぐらい   ④ 一日中

02 다음을 일본어로 바꿔보세요.

① 시험은 오전 9시부터입니다.

→ _____ 。

② 나는 수학이 서툽니다.

→ _____ 。

③ 하루종일 공부합니다.

→ _____ 。

03 다음 한자를 읽어보세요.

① 秋分   ② 立秋

01 ③ 2時間ぐらい

02 ① 試験は午前9時からです。
   ② わたしは数学がにがてです。
   ③ 一日中勉強します。

03 ① しゅうぶん ② りっしゅう

119

PART 2

13

お客様<ruby>きゃくさま</ruby>のお名前<ruby>なまえ</ruby>と
電話番号<ruby>でんわばんごう</ruby>を書<ruby>か</ruby>いてください。

비디오 빌리기

오꺅사마노 오나마에또 뎅와방고-오 카이떼 구다사이

손님의 성함과 전화번호를 써 주십시오.

 **Dialogue** ◇◇

金　　　　　すみませんが、このテープを貸してください。
　　　　　　스미마셍가　　　　　　코노 테-뿌오 카시떼 구다사이

店員(てんいん)　会員カードはお持ちですか。
　　　　　　카이잉카-도와 오모찌데스까

金　　　　　いいえ、持っていません。
　　　　　　이-에　　　　못떼 이마셍

店員(てんいん)　じゃ、このカードに書いてください。
　　　　　　쟈　　　　코노 카-도니 카이떼 구다사이

金　　　　　何を書くか教えてください。
　　　　　　나니오 카꾸까 오시에떼 구다사이

店員(てんいん)　お客様のお名前と電話番号を書いてください。
　　　　　　오꺅사마노 오나마에또 뎅와방고-오 카이떼 구다사이

● テープ	테이프	● 貸(か)す	빌리다
● 会員(かいいん)カード	회원카드	● 持(も)つ	가지다
● 書(か)く	쓰다	● 教(おし)える	가르치다
● お客様(きゃくさま)	손님	● お名前(なまえ)	성함
● 電話番号(でんわばんごう)	전화번호	● あさって	모레
● までに	~까지	● 遅(おく)れる	늦다

金　ここには何(なに)も書(か)きませんか。
　　코꼬니와 나니모 카끼마셍까

店員(てんいん)　ええ、何(なに)も書(か)かないでください。
　　에-　　　나니모 카까나이데 구다사이

　　あさってまでに遅(おく)れないようにしてください。
　　아삿떼마데니 오꾸레나이요-니 시떼 구다사이

金	저어, 이 테이프를 빌려 주십시오.
店員	회원 카드를 갖고 계십니까?
金	아니오, 갖고 있지 않습니다.
店員	그럼 이 카드에 써 주십시오.
金	무엇을 쓸지 가르쳐 주십시오.
店員	손님의 성함과 전화번호를 써 주십시오.
金	여기에는 아무것도 쓰지 않습니까?
店員	예, 아무것도 쓰지 말아 주십시오.
	모레까지 늦지 않게 해 주십시오.

01 ~て ください ~해 주십시오

동사의 정중형(ます형)에 접속하여 의뢰의 표현을 나타냅니다. 그러나 자신보다 손위의 사람에게는 직접적으로 명령하는 듯한 느낌이 강하므로 쓰지 않는 것이 좋습니다.
여기서 하나 주의해야 할 점이 있다면 일본어는 「~て・た・たり」등에 접속할 때 독특한 현상이 나타나는데 한 번 살펴보기로 하겠습니다.

＊동사의 음편
발음을 편하게 하기 위한 현상인 음편은 동사가 「て・た・たり」에 연결될 때 일어납니다.
ru동사나 불규칙 동사는 동사의 정중형, 즉 ます형에 그냥 「て・た・たり」를 연결시켜 주면 되고, u동사만이 그 형태가 바뀝니다. 한 번 볼까요? (단 す로 끝나는 동사는 제외됩니다.)

- 어미가 **く・ぐ** 로 끝나는 동사 **く・ぐ** → **い+て・で**(い음편)
- 어미가 **う・つ・る** 로 끝나는 동사 **う・つ・る** → **っ**(작은っ)**+て**(촉음편)
- 어미가 **ぬ・ぶ・む** 로 끝나는 동사 **ぬ・ぶ・む** → **ん+で**(발음편)

예			
書く →	書いて(쓰고)	書いた(썼다)	書いたり(쓰기도 하고)
泳ぐ →	泳いで(헤엄치고)	泳いだ(헤엄쳤다)	泳いだり(헤엄치기도 하고)
思う →	思って(생각하고)	思った(생각했다)	思ったり(생각하기도 하고)
立つ →	立って(서고)	立った(섰다)	立ったり(서기도 하고)
死ぬ →	死んで(죽고)	死んだ(죽다)	死んだり(죽기도 하고)
遊ぶ →	遊んで(놀고)	遊んだ(놀았다)	遊んだり(놀기도 하고)

※ 예외적인 경우가 2가지 있는데 다음과 같습니다.

① 「行(い)く」는 어미가 「く」로 끝나지만 촉음편을 합니다.

예			
行く →	行って(가고)	行った(갔다)	行ったり(가기도 하고)

② 어미가 「す」로 끝나는 동사는 음편현상이 일어나지 않습니다. 그냥 る 동사나 불규칙 동사처럼 동사의 ます형에 연결시키면 됩니다.

> 예 話す → 話して(말하고) 話した(말했다) 話したり(말하기도 하고)

02 ~ないで ください ~하지 말아 주십시오

동사에 접속하여 동작의 금지를 요청할 때에 쓰이며 「ない」에 접속할 때 어미 변화는 책 속의 부록 〈동사의 활용편〉을 참조하시기 바랍니다.

> 예 何も書かないでください。   아무것도 쓰지 말아 주십시오.
>
>   ここでたばこをすわないでください。   여기서 담배를 피지 말아 주십시오.

03 ~ないようにしてください ~하지 않도록 해 주십시오

「~ないように」가 「~하지 말도록, 하지 않도록」의 의미로 쓰이고 있습니다.

> 예 あさってまでに遅れないようにしてください。   모레까지 늦지 않게 해 주십시오.
>
>   食べ過ぎないようにしてください。   과식하지 않도록 해 주십시오.

04 ~までに ~ 까지

어느 시점까지 행동을 해야 한다는 기간이 정해져 있을 경우에는 반드시 조사 「に」를 붙여 주어야 합니다.

> 예 宿題は9時までに出してください。   숙제는 9시까지 내주십시오.
>
>   このテープはあさってまでに返してください。 이 테이프는 모레까지 돌려주십시오.

□ この **テープ** を貸(か)してください。　이 테이프를 빌려 주십시오.

　　 本(ほん)　　　　　　　　　　　　　이 책을 빌려 주십시오.

　　 カード　　　　　　　　　　　　　이 카드를 빌려 주십시오.

□ **会員(かいいん)カード** はお持(も)ちですか。　회원 카드를 갖고 계십니까?

　 パスポート　　　　　　　　　　　여권을 갖고 계십니까?

　 ビザ　　　　　　　　　　　　　비자를 갖고 계십니까?

□ **あさって** までに遅(おく)れないようにしてください。

　　　　　　　　　　　　　　　　모레까지 늦지 않게 해 주십시오.

　 朝(あさ)9時(くじ)　　　　　　　　　아침 9시까지 늦지 않게 해 주십시오.

　 来週(らいしゅう)　　　　　　　　　다음주까지 늦지 않게 해 주십시오.

 막장 한자

食
먹을 식

音 しょく・じき
뜻 くう・たべる

예　食事(しょくじ) 식사　　　　食堂(しょくどう) 식당

　　和食(わしょく) 일식　　　　断食(だんじき) 단식

山田(やまだ)さん、食事(しょくじ)にいきましょう。
야마다 씨, 식사하러 가시죠.

124

연습문제

01 다음 대화를 듣고 빈칸에 들어갈 알맞은 말을 골라보세요.

A 会員カードはお持ちですか。 　회원카드를 갖고 계십니까?

B (　　　　　　) 　아니오, 가지고 있지 않습니다.

① はい、持っていません。　② いいえ、持っていません。

③ はい、持ちます。　　　　④ いいえ、持っています。

02 다음을 일본어로 바꿔보세요.

① 이 테이프를 빌려 주십시오.

　→ _____。

② 무엇을 쓸지 가르쳐 주십시오.

　→ _____。

③ 모레까지 늦지 않게 해 주십시오.

　→ _____。

03 다음 한자를 읽어보세요.

① 断食　　　　② 食事

01 ② いいえ、持っていません。 02 ① このテープを貸してください。
②何を書くか教えてください。 ③あさってまでに遅れないようにしてください。
03 ① だんじき ② しょくじ

125

여행

14

私もどこか旅行に行きたいんです。

와따시모 도꼬까 료꼬-니 이끼따인데스

나도 어딘가 여행을 가고 싶습니다.

Dialogue

金
あなたの趣味は何ですか。
아나따노 슈미와 난데스까

山田(やまだ)
別にありませんが。
베쯔니 아리마셍가

旅行に行くことが 好きです。
료꼬-니 이꾸고또가 스끼데스

金
そうですか。
소-데스까

私もどこか旅行に行きたいんです。
와따시모 도꼬까 료꼬-니 이끼따인데스

林さんはどうですか。
하야시산와 도-데스까

林(はやし)
私はどこにも行きたくありません。
와따시와 도꼬니모 이끼따꾸 아리마셍

- 趣味(しゅみ)　　　　취미
- 旅行(りょこう)に行(い)く　여행을 가다
- ～たい　　　　　　～하고 싶다
- ～で　　　　　　　～에서
- あまり+ 부정　　　　그다지 ~하지 않다
- 別(べつ)に　　　　　별로
- ～が好(す)きだ　　～을(를) 좋아하다
- どこにも　　　　　아무데도
- きらいだ　　　　　싫어하다
- なによりも　　　　무엇보다도

うち　　　　　　み　　　す
家でテレビを見ることが好きです。

우찌데 테레비오 미루고또가 스끼데스

　　　　　　　　　　　りょこう
金　　あなたは旅行がきらいですか。

　　　아나따와 료꼬-가 키라이데스까

　　　　　　　　　　　　　　す
林(はやし)　ええ、あまり好きではありません。

　　　에-　　　아마리 스끼데와 아리마셍

わたし　　　　　　　み　　　　　　　　　す
私はテレビを見ることがなによりも好きです。

와따시와 테레비오 미루고또가 나니요리모 스끼데스

金	당신의 취미는 무엇입니까?
山田	별로 없습니다만, 여행가는 것을 좋아합니다.
金	그렇습니까?
	저도 어딘가 여행을 가고 싶습니다.
	하야시 씨는 어떻습니까?
林	저는 아무 데도 가고 싶지 않습니다.
	집에서 텔레비전 보는 것을 좋아합니다.
金	당신은 여행을 싫어합니까?
林	에, 그다지 좋아하지는 않습니다.
	저는 텔레비전 보는 것을 무엇보다도 좋아합니다.

127

 01 **~が すきだ** ~ 을(를) 좋아하다

「~을(를) 좋아하다」는 말로 개인적인 기호를 나타내는 표현입니다.
그 좋아하는 대상물에는 조사를 우리가 일반적으로 생각하는 「を」가 아닌 「が」를 쓰는 것에
유의해야 합니다.

> 예 わたしは洋食^{ようしょく}が好^すきです。　　　　나는 양식을 좋아합니다.
>
> わたしは中華料理^{ちゅうかりょうり}が好^すきです。　　　나는 중화요리를 좋아합니다.
>
> あなたはスポーツの中^{なか}では何^{なに}が一番^{いちばん}好^すきですか。
> 당신은 스포츠 중에서는 무엇을 가장 좋아합니까?

 02 **~たい** ~ 싶다

희망을 나타내는 표현인 「たい」 앞에는 조사 「が」가 옵니다. 단 의도적인 경우에는 「を」를 쓰
기도 합니다. 부정형은 「たくありません」입니다.

> 예 ケーキが食^たべたいです。　　　　케이크를 먹고 싶습니다.
>
> 私^{わたし}もどこか旅行^{りょこう}に行^いきたいんです。　저도 어딘가 여행을 가고 싶습니다.
>
> スキーがやりたいです。　　　　　스키를 타고 싶습니다.

03 **~ことが すきだ** ~하는 것을 좋아하다

「こと」를 넣어서 「~ 하는 것을 좋아하다」는 표현으로 말해 봅니다.

> 예 旅行に行くことが 好きです。 　　여행가는 것을 좋아합니다.
>
> テレビを見ることがなによりも好きです。 　텔레비전 보는 것을 무엇보다도 좋아합니다.
>
> 本を読むことが好きです。 　　책 읽는 것을 좋아합니다.

 04 **~ が きらいだ** ~ 을(를) 싫어하다

이번에는 「좋아하다」의 반대 개념인 「싫어하다」의 표현에 관해 익혀보도록 하겠습니다. 역시 주관적인 기호를 나타내며 조사 「が」가 옴에 유의하세요.

> 예 あなたは旅行がきらいですか。 　　당신은 여행을 싫어합니까?
>
> わたしは後かたづけがきらいです。 　나는 설거지를 싫어합니다.
>
> 彼女は犬肉スープがきらいです。 　그녀는 보신탕을 싫어합니다.

□ 旅行^{りょこう}に行^いく ことが好^すきです.　　여행가는 것을 좋아합니다.

　 映画^{えいが}を見^みる　　　　　　　　　영화 보는 것을 좋아합니다.

　 本^{ほん}を読^よむ　　　　　　　　　　책 읽는 것을 좋아합니다.

□ わたしの趣味^{しゅみ}は 読書^{どくしょ} です.　　내 취미는 독서입니다.

　　　　　　　　　 登山^{とざん}　　　　　　내 취미는 등산입니다.

　　　　　　　　　 テニス　　　　　　내 취미는 테니스입니다.

□ あなたは 旅行^{りょこう} がきらいですか.　당신은 여행을 싫어합니까?

　　　　　　 運動^{うんどう}　　　　　　　　당신은 운동을 싫어합니까?

　　　　　　 映画^{えいが}　　　　　　　　당신은 영화를 싫어합니까?

 막장 한자

見

볼 견

음 けん
뜻 みる・みえる

예 発見^{はっけん} 발견　　　　見学^{けんがく} 견학

見本^{みほん} 견본

見本^{みほん}を見^みせてください. 견본을 보여주세요.

01 다음 대화를 듣고 빈칸에 들어갈 알맞은 말을 골라보세요.

> A あなたの趣味（しゅみ）は何（なん）ですか。　　당신의 취미는 무엇입니까?
>
> B （　　　　　　　　）。　　　　　　　　　독서입니다.

① 別（べつ）にありませんが　　　② 読書（どくしょ）です

③ 旅行（りょこう）です　　　　　④ ゴルフです

02 다음을 일본어로 바꿔보세요.

① 저도 어딘가 여행을 가고 싶습니다.

　→ _____。

② 저는 아무데도 가고 싶지 않습니다.

　→ _____。

③ 집에서 텔레비전 보는 것을 좋아합니다.

　→ _____。

03 다음 한자를 읽어보세요.

① 見学　　　　　② 見本

03　① けんがく　　② みほん

02　① 私（わたし）もどこか旅行（りょこう）に行（い）きたいです。　② 私（わたし）はどこにも行（い）きたくありません。　③ 家（いえ）でテレビを見（み）ることが好（す）きです。

01　② 読書（どくしょ）です

131

PART 2

15

지금 뭐하니?

じゅく せんせい
塾の先生をしています。

쥬꾸노 센세-오 시떼 이마스

학원 선생을 하고 있습니다.

Dialogue

林(はやし)
きゃく き
お客さんが来ていますね。
오꺅상가 키떼 이마스네

どなたさまですか。
도나따사마데스까

ドンミン
わたし し
私もだれだか知りません。
와따시모 다레다까 시리마셍

林(はやし)
いまなに
今何をしていますか。
이마 나니오 시떼 이마스까

ドンミン
しゅくだい
パソコンで 宿題をしています。
파소꼰데 슈꾸다이오 시떼 이마스

林(はやし)
だいがく そつぎょう なに
いもうとさんは大学を卒業して何をしていますか。
이모-또상와 다이가꾸오 소쯔교-시떼 나니오 시떼 이마스까

ドンミン
じゅく せんせい
塾の先生をしています。
쥬꾸노 센세-오 시떼 이마스

132

● 来(く)る	오다
● 知(し)る	알다
● 宿題(しゅくだい)	숙제
● 卒業(そつぎょう)	졸업
● 似(に)る	닮다
● だれだか	누군지
● パソコン	퍼스널컴퓨터
● 大学(だいがく)	대학
● 塾(じゅく)	기숙사
● すぐれる	뛰어나다

林(はやし)
スエさんは母(はは)に似(に)ています。
스에상와 하하니 니떼 이마스

ドンミン
私(わたし)もそう思(おも)います。先生(せんせい)としてもすぐれています。
와따시모 소- 오모이마스   센세-토시떼모 스구레떼 이마스

林(はやし)
おとうとさんは今何(いまなに)をしていますか。
오또-또상와 이마 나니오 시떼 이마스까

ドンミン
大学(だいがく)に行(い)っています。
다이가꾸니 잇떼 이마스

林	손님이 와 있군요.
	누구십니까?
ドンミン	저도 누군지 모릅니다.
林	지금 무엇을 하고 있습니까?
ドンミン	컴퓨터로 숙제를 하고 있습니다.
林	여동생은 대학을 졸업하고 무엇을 하고 있습니까?
ドンミン	학원 선생을 하고 있습니다.
林	수애 씨는 어머니를 닮았습니다.
ドンミン	저도 그렇게 생각합니다. 선생님으로서도 뛰어납니다.
林	남동생은 지금 무엇을 하고 있습니까?
ドンミン	대학에 다니고 있습니다.

133

01 ~て いる ~고 있다, ~ 해(어) 있다

「~て いる」의 용법에는 세 가지가 있는데 내용은 다음과 같습니다.

① 동작의 진행 (~하고 있다)

동작의 진행을 나타내며 동작의 계속을 나타내는 동사가 옵니다.

> 예 書く 쓰다　　食べる 먹다　　読む 읽다
>
> 雪が降っています。　　　　　눈이 내리고 있습니다.
>
> ご飯を食べています。　　　　밥을 먹고 있습니다.

② 동작의 결과로 생긴 상태 (~해(어) 있다)

동작의 상태를 나타내며 주로 동작의 결과로서 생긴 상태를 나타내는 동사가 옵니다.

> 예 立つ 서다　　死ぬ 죽다　　来る 오다
>
> 木が立っています。　　　　　나무가 서 있습니다.
>
> お客さんが来ています。　　　손님이 와 있습니다.

134

③ 단순한 상태

단순한 상태를 나타내며 그런 동사가 옵니다. 항상 「~て いる」의 형태를 취하는 것이 특징입니다.

예 似る 닮다　　すぐれる 뛰어나다　　そびえる 솟다

私は父親に似ています。　　나는 아버지를 닮았습니다.

彼は先生としてすぐれています。　　그는 선생님으로 뛰어납니다.

tip

조사 で의 여러 가지 용법
조사 で는 여러 가지의 의미로 사용됩니다. 장소나 수단 이외에도 많은 뜻으로 쓰이지요. 문장 속에서 그 사용례를 살펴볼까요?

장소　　うちでテレビを見ます。　　집에서 텔레비전을 봅니다.

수단　　パソコンで宿題をします。　　컴퓨터로 숙제를 합니다.

재료　　さかなで料理を作ります。　　생선으로 요리를 만듭니다.

정도·상태　　全部でいくらですか。　　전부 얼마입니까?

원인　　風邪で学校を休みました。　　감기 때문에 학교를 쉬었습니다.

시간　　1時間で行けるでしょう。　　1시간이면 갈 수 있겠지요.

135

□ パソコンで宿題(しゅくだい)をして います。　　컴퓨터로 숙제를 하고 있습니다.

本(ほん)を読(よ)んで　　　　　　　　　　　책을 읽고 있습니다.

料理(りょうり)をして　　　　　　　　　　요리를 하고 있습니다.

□ 塾(じゅく)の先生(せんせい)を　　して います。　학원 선생을 하고 있습니다.

出版社(しゅっぱんしゃ)の社長(しゃちょう)を　　　　출판사 사장을 하고 있습니다.

商売(しょうばい)を　　　　　　　　　　　장사를 하고 있습니다.

□ スエさんは母(はは)に似(に)て います。　수애 씨는 어머니를 닮았습니다.

山(やま)がそびえて　　　　　　　　　　　산이 우뚝 솟아 있습니다.

彼(かれ)は先生(せんせい)として すぐれて　　그는 선생으로서 뛰어납니다.

 막방 한자

手
손 수

音 しゅ
뜻 て

예　拍手(はくしゅ) 박수　　選手(せんしゅ) 선수

手足(しゅそく) 수족　　手袋(てぶくろ) 장갑

彼(かれ)を拍手(はくしゅ)で迎(むか)える。　그를 박수로 맞이하다.

136

01 다음 대화를 듣고 빈칸에 들어갈 알맞은 말을 골라보세요.

A 今^{いまなに}何をしていますか。　지금 무엇을 하고 있습니까?

A 今何をしていますか。　지금 무엇을 하고 있습니까?

B (　　　　　　　　)います。　아침밥을 먹고 있습니다.

① パソコンで宿題^{しゅくだい}をして　② 料理^{りょうり}をして

① パソコンで宿題をして

② 料理をして

③ 朝^{あさ}ご飯^{はん}を食^たべて　④ レポートを書^かいて

③ 朝ご飯を食べて

④ レポートを書いて

02 다음을 일본어로 바꿔보세요.

① 수애 씨는 대학을 졸업하고 무엇을 하고 있습니까?

→ _____。

② 학원 선생을 하고 있습니다.

→ _____。

③ 장사를 하고 있습니다.

→ _____。

03 다음 한자를 읽어보세요.

① 手袋　　　② 拍手

03 ① てぶくろ　② はくしゅ

02 ① スエさんは大学を卒業して何をしていますか。
　② 塾の先生をしています。
　③ 商売をしています。

01 ③ 朝ご飯を食べて

137

▶일상생활에서 많이 쓰이는 동사·형용사·명사형용사

● 동사

書(か)く	쓰다	行(い)く	가다	泳(およ)ぐ	헤엄치다
急(いそ)ぐ	서두르다	買(か)う	사다	違(ちが)う	다르다
立(た)つ	서다	売(う)る	팔다	知(し)る	알다
休(やす)む	쉬다	呼(よ)ぶ	부르다	終(お)わる	끝나다
招(まね)く	초대하다	守(まも)る	지키다	走(はし)る	달리다
乗(の)る	타다	起(お)きる	일어나다	食(た)べる	먹다
考(かんが)える	생각하다	見(み)る	보다		

● 형용사

明(あか)るい	밝다	暗(くら)い	어둡다	太(ふと)い	굵다
細(ほそ)い	가늘다	厚(あつ)い	두껍다	薄(うす)い	얇다
熱(あつ)い	뜨겁다	冷(つめ)たい	차다	広(ひろ)い	넓다
狭(せま)い	좁다	古(ふる)い	낡다	新(あたら)しい	새롭다

● 명사형용사

好(す)きだ	좋아하다	嫌(きら)いだ	싫어하다	便利(べんり)だ	편리하다
不便(ふべん)だ	불편하다	上手(じょうず)だ	잘하다	下手(へた)だ	못하다
派手(はで)だ	화려하다	地味(じみ)だ	수수하다	静(しず)かだ	조용하다
にぎやかだ	떠들썩하다	簡単(かんたん)だ	간단하다	複雑(ふくざつ)だ	복잡하다

3부

회화편

자, 이제 드디어 일본어 첫걸음을 끝내고 실전에 들어가서 일상생활에 많이 쓰이는 회화구문들을 익혀보도록 하겠습니다. 그렇다고 해서 난이도가 특별히 올라간 것은 아니고 앞에서 문장의 구성 형태에 관해 배웠다면 회화편에서는 좀 더 드릴 연습을 많이 해보자는 뜻인 거죠. 많이 듣고 많이 읽고 많이 말해 보세요.

 구성

•Dialogue •스피드학습 •패턴연습 •일본 바로알기
•알아두면 유익한 어휘

PART 3

いい<ruby>天気<rt>てんき</rt></ruby>ですね。
이-텡끼데스네

01 좋은 날씨군요.
→ 일상인사

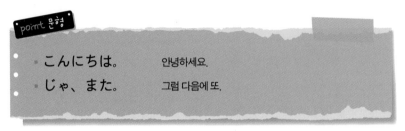

point 문형

- こんにちは。 　　안녕하세요.
- じゃ、また。 　　그럼 다음에 또.

Dialogue ◇◇◇

A こんにちは。
　　콘니찌와

B こんにちは。
　　콘니찌와

A いい<ruby>天気<rt>てんき</rt></ruby>ですね。
　　이- 텡끼데스네

B ええ、そうですね。
　　에- 　　　　소-데스네

A あさのジョギングですか。
　　아사노 죠깅구데스까

B ええ、そうです。
　　에- 　　　　소-데스

140

• いい	좋다	• 天気(てんき)	날씨
• そうですね	그렇군요	• ジョギング	조깅
• お父(とう)さん	아버님(남의 가족)	• おかげさまで	덕분에
• いってらっしゃい	다녀오세요	• じゃ	では의 회화체, 「그럼・그러면」의 뜻

A お父さんはお元気ですか。
<small>とう　　　　　げんき</small>
오또-산와 오겡끼데스까

B ええ、おかげさまで。
에-　　　　오까게사마데

A じゃ、いってらっしゃい。
쟈　　잇떼랏샤이

B じゃ、また。
쟈　　　마따

A 안녕하세요.
B 안녕하세요.
A 좋은 날씨군요.
B 예, 그렇군요.
A 아침 조깅입니까?
B 예, 그렇습니다.
A 아버님은 건강하십니까?
B 예, 덕분예요.
A 그럼, 다녀오세요.
B 그럼 다음에 또.

141

 こんにちは 안녕하세요(낮인사)

일본어는 때에 따른 인사말이 다른 언어입니다. 이 「こんにちは。」는 낮에 쓰는 인사말로
「오늘은 날씨가 좋네요。」라는 말을 줄여서 「오늘은」이라고 표현한 것입니다.
참 「こんにちは。」의 「は」도 「와」라고 읽는 점에 유의해야 합니다.

> 예 こんにちは、お元気ですか。　　안녕하세요? 건강하십니까?
>
> こんにちは、蒸し暑いですね。　　안녕하세요? 후텁지근하군요.
>
> こんにちは、いまどちらへ。　　안녕하세요? 어디 가십니까?

「こんにちは。」로 상대방이 인사를 하면 당신도 친절하게 「こんにちは。」로 답변하세요.

 そうですね 그렇군요

「そうです。そうですね。」를 감탄조로 말한 것으로 「그렇군요。」의 뜻입니다.

> 예 いい天気ですね。　　날씨가 좋군요.
>
> ええ、そうですね。　　예, 그렇군요.
>
> さむいですね。　　춥군요.
>
> ほんとうにそうですね。　　정말, 그렇군요.

142

お元気(げんき)ですか 잘 지내십니까?

앞에서도 안부인사로 다룬 적이 있습니다. 인사를 받으면 어떻게 답변해야 한다고 했죠.
예문을 통해 연습해 보세요.

예 ^{キム}金さん、しばらくですね。お^{げんき}元気ですか。　　김씨, 오랜만이군요. 건강은 어떻습니까?

おかげさまで^{げんき}元気です。　　덕분에 건강합니다.

こんにちは、お^{げんき}元気ですか。　　안녕하세요, 잘 지내십니까?

ええ、おかげさまで。　　예, 덕분예요.

 いってらっしゃい 다녀오세요

집을 나설 때 마중하는 이가 쓰는 인사말입니다. 물론 다른 장소에서 잠시 자리를 비울 경우에도
쓸 수 있지요. 좀더 정중하게 말하고 싶을 때는 「いっていらっしゃい。」라고 합니다.

예 いって きます。　　다녀오겠습니다.

いってらっしゃい。　　다녀오세요.

じゃ、いってらっしゃい。　　그럼, 다녀오세요.

じゃ、また。　　그럼, 다음에 또.

□ おはよう。   안녕.

□ おはようございます。   안녕하세요. (아침)

□ こんにちは。   안녕하세요. (낮)

□ こんばんは。   안녕하세요. (저녁)

□ お出かけですか。   외출하세요?

□ お帰りですか。   들어오십니까?

□ いい天気ですね。   날씨가 좋군요.

□ いま、どちらへ。   지금 어디 가십니까?

□ じゃ、また。   그럼 다음에 또.

□ またあした。   내일 또 봐요.

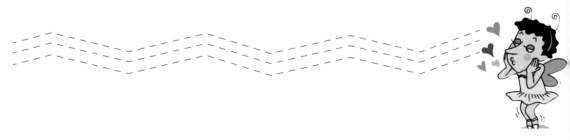

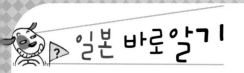

일본 바로알기

★인사는 날씨 표현 몇 가지만 외워두면 만사가 든든!!

아침인사나 길에서 우연히 마주쳤을 경우에는 대화의 어색함을 피하기 위하여 뭔가 화젯거리가 있으면 좋겠죠. 그럴 때는 주로 날씨와 관련된 인사를 많이 하게 마련입니다. 일본은 해양성 온난 기후를 띠고 있으며 남북으로 긴 지형을 갖고 있기 때문에 기후에 다양한 변화를 보입니다. 물론 여기에는 계절풍과 산맥의 영향도 크긴 합니다. 또한 일본은 우리처럼 뚜렷한 사계절을 가진 행복한 나라이기도 합니다.

いいお天気(てんき)ですね。	날씨가 좋군요.
むしあついですね。	후텁지근하군요.
寒(さむ)いですね。	춥군요.

단, 「天気(てんき) 날씨」라는 말 앞에는 춥다, 덥다 등의 기상 상태에 관련된 말을 쓸 수는 없습니다. 이 「天気(てんき) 날씨」라는 말 자체가 기상의 의미를 담고 있기 때문입니다.

날씨 표현

● 雨(あめ)	비		● 雪(ゆき)	눈
● 雲(くも)	구름		● 風(かぜ)	바람
● みぞれ	진눈깨비		● 雷(かみなり)	천둥
● 霧(きり)	안개		● 霜(しも)	서리
● 梅雨(つゆ)	장마		● 小雨(こさめ)	가랑비
● 雨雲(あまぐも)	비구름		● 夕(ゆう)やけ	저녁놀

145

お久_{ひさ}しぶりですね。
오히사시부리데스네

02 오래간만이군요.
→ 안부

point 문형

- お久_{ひさ}しぶりですね。　오래간만이군요.
- いかがですか。　어떠십니까?

Dialogue ◇◇

A こんにちは。李_イさん。
　콘니찌와　　　　　이상

B こんにちは。朴_{バク}さん。
　콘니찌와　　　　　박상

A お久_{ひさ}しぶりですね。
　오히사시부리데스네

B ええ、そうですね。お元気_{げんき}ですか。
　에-　　소-데스네　　　오겡끼데스까

A おかげさまで元気_{げんき}です。
　오까게사마데 겡끼데스

B お仕事_{しごと}はどうですか。
　오시고또와 도-데스까

146

- 久(ひさ)しぶり　　오래간만
- おかげさまで　　덕분에
- まあまあだ　　그저 그렇다
- みなさん　　여러분

- 元気(げんき)だ　　건강하다, 잘 지내다
- お仕事(しごと)　　하시는 일
- 家族(かぞく)　　가족
- あいかわらず　　여전히

A　まあまあです。
마-마-데스

B　ご家族(かぞく)のみなさんはお元気(げんき)ですか。
고까조꾸노 미나상와 오겡끼데스까

A　あいかわらず元気(げんき)です。
아이까와라즈 겡끼데스

B　それはよかったですね。
소레와 요깟따데스네

A　コーヒーいかがですか。
코-히- 이까가데스까

B　いいですね。
이-데스네

A 안녕하세요, 이씨
B 안녕하세요, 박씨
A 오래간만이군요.
B 예, 그렇군요. 건강하십니까?
A 덕분에 건강합니다.
B 하시는 일은 어떻습니까?
A 그저 그렇습니다.
B 가족 여러분은 건강하십니까?
A 여전히 건강합니다.
B 그거 다행이군요.
A 커피 어떠십니까?
B 좋습니다.

147

01 そうです 그렇습니다

「そうです」는「そう 그렇게」라는 말에「です ~입니다」가 결합되어 상대편의 말에 동의할 때 쓰이는 표현입니다. 일본어는 맞장구를 잘 치는 것도 대화의 기술에 속합니다. 상대방의 말에 귀 기울이고 있다는 거 꼭 표현하도록 하세요. 여러 번 나온 만큼「そうです」의 다른 형태에 관해서도 알아보기로 하겠습니다.

예 教室はこちらですか。 교실은 이쪽입니까?

はい、そうです。 예, 그렇습니다.

あなたは学生ですか。 당신은 학생입니까?

はい、そうです。 예, 그렇습니다.

そうですか。 그렇습니까?

そうではありません。 그렇지 않습니다.

02 まあまあです 그저 그렇습니다

그저 그렇다, 아직 멀었다는 뜻으로 쓰이는 말입니다.

예 お仕事はどうですか。 하시는 일은 어떻습니까?

まあまあです。 그저 그렇습니다.

おかげさまで相変わらずです。 덕분에 여전합니다.

03 お・ご

일본어는 상대방에게 존경의 표시로 혹은 단순하게 말을 미화시키기 위하여 상대방의 물건이나 관계되는 명사 앞에 「お・ご」를 붙입니다. 「お」는 순수한 일본어에, 「ご」는 한자어에 붙이나 반드시 그렇다고는 할 수 없습니다.

> 예 お仕事 하시는 일   ご家族 가족   お米 쌀   お茶 차

04 けっこうです 좋습니다, 괜찮습니다

감탄할 때나 「괜찮다, 좋다」라고 상대방에게 허락을 해줄 때, 또 상대방의 부탁에 더 이상은 필요 없다는 의견을 밝힐 때에 쓰입니다.

> 예 コーヒーでもいかがですか。   커피라도 어떠십니까?
>
> けっこうです。   좋습니다.
>
> 肉をもっといかがです。   고기를 더 드시지요.
>
> もう、けっこうです。   아니오, 괜찮습니다. (이제 됐습니다.)

 패턴 연습

□ お久しぶりですね。　　　　　　　오래간만이군요.

□ しばらくですね。　　　　　　　　오래간만이군요.

□ お元気ですか。　　　　　　　　　건강하십니까?

□ ええ、おかげさまで元気です。　　예, 덕분에 건강합니다.

□ あいかわらず元気です。　　　　　여전히 건강합니다.

□ まあまあです。　　　　　　　　　그저 그렇습니다.

□ それはよかったですね。　　　　　그거 다행이군요.

□ お仕事はどうですか。　　　　　　하시는 일은 어떻습니까?

□ ご家族のみなさんはお元気ですか。　가족 여러분은 건강하십니까?

□ みなさまによろしく。　　　　　　여러분께 안부 전해 주세요.

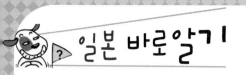

일본 바로알기

★가족이 힘이다!!

일본도 서구와는 달리 동양적 사고를 가진 나라이므로 가족의 의미가 남다르다고 할 수 있습니다. 교육적 욕구도 우리에 못지 않아 教育ママ(아이들 교육에 지나치게 열성인 일본 엄마들을 지칭하는 말)라는 말까지도 있는 실정입니다. 심지어 손주들의 교육비를 지원하는 조부모도 계시다고 하니 남의 일 같지는 않습니다. 다 내 식구, 내 아이들을 경쟁에서 살아남게 하기 위해 잘 키워내려 하는 부모의 바램에서 비롯된 것 같습니다. 내리 사랑은 있어도 치 사랑은 없다는 말, 어쩌면 누가 만들어 냈는지 이렇게 잘 맞아떨어질 수가 없습니다. 오늘은 한번쯤 사랑하는 부모님과 오래 떨어져 지낸 친구들과 전화 한 통화라도 해보는 거 어떨까요? 그리고 이 말은 절대 잊지 마세요.

お元気ですか。	건강하십니까?

(げんき)

나의 가족

● 父(ちち)	아버지		● 母(はは)	어머니
● 祖父(そふ)	할아버지		● 祖母(そぼ)	할머니
● 兄(あに)	형, 오빠		● 姉(あね)	언니, 누나
● 弟(おとうと)	남동생		● 妹(いもうと)	여동생

남의 가족

● お父(とう)さん	아버지		● お母(かあ)さん	어머니
● おじいさん	할아버지		● おばあさん	할머니
● お兄(にい)さん	형, 오빠		● お姉(ねえ)さん	언니, 누나
● おとうとさん	남동생		● いもうとさん	여동생

03

しお
塩はどれですか。
시오와 도레데스까

소금은 어느 것입니까?
→ 레스토랑

point 문형

- これはいかがですか。　　　이것은 어떠십니까?
- いいです。それにします。　　좋습니다. 그걸로 하겠습니다.

Dialogue

金	ねが Aセット お願いします。 에이셋또 오네가이시마스
従業員（じゅうぎょういん）	はい。 하이
金	なん　　にく すみません。これは何の肉ですか。 스미마셍.　　코레와 난노 니꾸데스까
従業員（じゅうぎょういん）	ぶたにく それは豚肉です。 소레와 부따니꾸데스
金	じゃあ、ほかのをください。 자-　　　호까노오 구다사이
従業員（じゅうぎょういん）	ぎゅうにく これはいかがですか。牛肉です。 코레와 이까가데스까　　규-니꾸데스

- セット　　　　　セ트
- すみません　　　미안합니다
- 豚肉(ぶたにく)　돼지고기
- 塩(しお)　　　　소금
- 願(ねが)う　　　원하다, 바라다
- 肉(にく)　　　　고기
- 牛肉(ぎゅうにく)　소고기
- 醤油(しょうゆ)　간장

金　いいです。それにします。
　　이-데스　　　소레니시마스

李　李さん、これは塩ですか。
　　이상　　　　코레와 시오데스까

李　いいえ、それは醤油です。
　　이-에　　　소레와 쇼-유데스

金　塩はどれですか。
　　시오와 도레데스까

李　塩はこれです。
　　시오와 코레데스

金　ありがとうございます。
　　아리가또-고자이마스

金	A세트 부탁합니다.
従業員	예.
金	저어, 이게 무슨 고기입니까?
従業員	그것은 돼지고기입니다.
金	그럼, 다른 것을 주십시오.
従業員	이것은 어떠십니까?
	소고기입니다.
金	좋습니다. 그걸로 하겠습니다.
	이 씨, 이것은 소금입니까?
李	아니오, 그것은 간장입니다.
金	소금은 어느 것입니까?
李	소금은 이것입니다.
金	감사합니다.

153

 お願(ねが)いします 부탁합니다

무언가를 상대방에게 부탁할 때 쓰이는 표현입니다. 대상물만 앞에 두면 만사 ok죠.

예 Aセットお願いします。 A세트 부탁합니다.

メニューをお願いします。 메뉴를 부탁합니다.

定食を二人前お願いします。 정식을 2인분 부탁합니다.

 すみません 죄송합니다

앞의 첫걸음 편에서도 나왔죠. 이 「すみません」은 「미안합니다」의 뜻을 가진 말입니다. 또 그 외에 가게에서 종업원을 부르는 등 모르는 이를 부를 때도 쓸 수 있다고 했습니다. 한번 예를 살펴볼까요? 전자의 경우, 「すいません」이라고도 하며, 가벼운 친구 사이에서는 「すまん」이라고도 한답니다. 아참, 심지어 감사하다는 뜻까지도 가진 쓸모가 많은 녀석입니다.

예 すみません。 미안합니다.

だいじょうぶです。 괜찮습니다.

すみません、ちょっと待ってください。 미안하지만, 잠시 기다려 주세요.

すみません、ジュースください。 저어, 여기 주스 주세요.

154

03　ください　주십시오

앞에서 「~해 주십시오」라는 표현이 「~て　ください」라고 배웠습니다. 이 「ください」라는 말은 원래 「くたさる　주시다」라는 말에서 나온 것으로 「くたさる　주시다」의 명령형입니다.

예 ほかのをください。	다른 것을 주십시오.
おつりをください。	거스름돈을 주십시오.
おいしいのをください。	맛있는 것을 주십시오.

04　~に　します　~로 하겠습니다

어떤 것을 선택할 때에 쓰는 표현입니다. 이 때는 그 대상이 되는 명사 뒤에 조사 「に」를 써야 합니다.

예 何^{なに}にしますか。	무엇으로 하시겠어요?
それにします。	그걸로 하겠습니다.
コーヒーにします。	커피로 하겠습니다.
ビールにします。	맥주로 하겠습니다.

155

□ Aセット　　　お願^{ねが}いします。　　A세트 부탁합니다.

　プルゴギ定食^{ていしょく}　　　　　　　　　불고기 정식을 부탁합니다.

　てんぷら定食^{ていしょく}　　　　　　　　　튀김정식을 부탁합니다.

□ これは 何^{なん}の肉^{にく}ですか。　　이것은 무슨 고기입니까?

□ 豚肉^{ぶたにく}　です。　　돼지고기입니다.

　牛肉^{ぎゅうにく}　　　　　　　　소고기입니다.

□ 何^{なに}になさいますか。　　무엇으로 하시겠습니까?

□ お決^きまりですか。　　정하셨습니까?

□ カレーに　します。　　카레로 하겠습니다.

　ビールに　　　　　　맥주로 하겠습니다.

156

일본 바로알기

★음식 문화

한 나라의 문화를 안다는 것도 큰 즐거움 중의 하나입니다. 그 나라의 음식을 먹는다는 것은 그 나라의 문화를 체험하는 것이며 또한 그 나라를 이해하는 데 많은 부분을 차지합니다. 일본은 우리와 중국과 더불어 아시아를 대표하는 나라입니다. 음식의 멋과 그 자체의 맛을 살린 담백한 음식이 발달되어 있으며 식사도 젓가락을 사용하며 그릇을 들고 먹는 것이 특징입니다. 우리나라 같으면 어른들에게 「이 놈」할 감이죠. 어찌됐건 로마에 가면 로마법을 따르는 것이 상책인데, 여러분들은 일본 음식 중에 어떤 것을 가장 좋아하시나요?

알아두면 유익한 어휘

음식

• 和食(わしょく)	일식	• 洋食(ようしょく)	양식
• 刺身(さしみ)	회	• 寿司(すし)	초밥
• すき焼(や)き	전골	• うどん	우동
• 味噌汁(みそしる)	된장국	• おにぎり	주먹밥
• しゃぶしゃぶ	샤브샤브	• カレー	카레
• ブルゴギ定食(ていしょく)	불고기 정식	• てんぷら定食(ていしょく)	튀김정식

157

PART 3

04

出口はどこですか。
<ruby>出口<rt>でぐち</rt></ruby>
데구찌와도꼬데스까

출구는 어디입니까?
→ 지하철역

point 문형

- 出口はどこですか。
<ruby>出口<rt>でぐち</rt></ruby> 출구는 어디입니까?
- ではそこはどこですか。 그럼 거기는 어디입니까?

Dialogue ⋙⋙⋙⋙⋙⋙⋙⋙⋙⋙⋙⋙⋙⋙⋙⋙⋙⋙⋙⋙⋙⋙

山田(やまだ) すみません、ここはソウル<ruby>駅<rt>えき</rt></ruby>ですか。
스미마셍   코꼬와 소우루에끼데스까

朴   いいえ、ちがいます。
이-에   치가이마스

ソウル<ruby>駅<rt>えき</rt></ruby>は<ruby>次<rt>つぎ</rt></ruby>です。
소우루에끼와 츠기데스

山田(やまだ) ありがとうございます。
아리가또-고자이마스

朴   どういたしまして。
도-이따시마시떼

158

새로 배우는 어휘

● ソウル駅(えき)	서울역	● 次(つぎ)	다음
● ありがとうございます	감사합니다	● どういたしまして	천만에요
● 出口(でぐち)	출구	● あちら	저쪽
● そこ	거기	● 遺失物係(いしつぶつがかり)	유실물센타

山田(やまだ)

でぐち
出口はどこですか。

데구찌와도꼬데스까

朴

あちらです。

아찌라데스

山田(やまだ)

ではそこはどこですか。

데와 소꼬와 도꼬데스까

朴

いしつぶつがかり
遺失物係です。

이시쯔부쯔가까리데스

山田	실례합니다. 여기가 서울역입니까?
朴	아니오, 아닙니다. 서울역은 다음입니다.
山田	감사합니다.
朴	천만에요.
山田	출구는 어디입니까?
朴	저쪽입니다.
山田	그럼 거기는 어디입니까?
朴	유실물센타입니다.

159

01 ソウル駅(えき) 서울역

앞에서 명사와 명사 사이에는 항상 「の」가 들어간다고 했죠. 하지만 예외도 있는 법. 고유명사에는 이 명사와 명사 사이의 「の」를 생략해도 됩니다.

 ソウル駅(えき) 서울역 ソウル大学(だいがく) 서울대학 韓国病院(かんこくびょういん) 한국병원

02 出口(でぐち) 출구

「口」를 써서 표현한 것이 재밌습니다. 나오는 곳이라는 뜻이죠. 반대말까지 한번 살펴볼까요?

 出口(でぐち)はどこですか。   출구는 어디입니까?

入(い)り口(ぐち)はあちらです。   입구는 저쪽입니다.

03 では 그러면

「それでは 그러면」의 약자로 회화 등에서 많이 쓰입니다. 「じゃ」 혹은 「じゃあ」 등으로도 쓰입니다.

예 ではそこはどこですか。   그럼 거기는 어디입니까?

では、これもあなたのですか。   그럼, 이것도 당신 것입니까?

じゃあ、ほかのをください。   그럼, 다른 것을 주세요.

04 遺失物係(いしつぶつがかり) 유실물센타

「係(かかり)」는 어떤 일을 담당하는 곳을 가리키는 말입니다. 앞에 「遺失物(いしつぶつ)」가 와서 「遺失物係(いしつぶつがかり)유실물센타」가 되는 거죠.

예 ではそこはどこですか。　　　　　　　　그럼 거기는 어디입니까?

いしつぶつがかり
遺失物係です。　　　　　　　　　　　　유실물센타입니다.

ちか　　いしつぶつがかり
この近くに遺失物係はありますか。　　　이 근처에 유실물센타가 있습니까?

알아두면 유익한 교통용어

「타다·내리다」 등의 용어와 알아두면 도움이 되는 표현에 관해 살펴보기로 하겠습니다.
「~을(를) 타다」라는 표현에는 조사 「~を」가 아닌 「~に」가 옴에 유의하세요.

の　　　　　　　　　　お　　　　　　　　　　　の　　か
乗る 타다　　　降りる 내리다　　　乗り換える 갈아타다

つぎ えき
＊次の駅です。　　　　　　　　　　　　다음 역입니다.

の　こ
＊乗り越しです。　　　　　　　　　　　지나쳤습니다.

の　　　い
＊ここで乗ると~に行きますか。　　　　여기에서 타면 ~에 갑니까?

い　　　　　　　　の　か
＊~まで 行きます。それから ~に乗り換えます。　~까지 갑니다. 그리고 ~로 갈아탑니다.

161

□ 出口<ruby>で</ruby>はどこですか。 　　　　　　　출구는 어디입니까?

□ あちらです。 　　　　　　　저쪽입니다.

□ ２番<ruby>にばん</ruby>です。 　　　　　　　2번입니다.

□ どこで乗<ruby>の</ruby>りますか。 　　　　　　　어디서 탑니까?

□ ソウル駅<ruby>えき</ruby>はまだですか。 　　　　　　　서울역은 아직입니까?

□ ソウル駅<ruby>えき</ruby>は次<ruby>つぎ</ruby>です。 　　　　　　　서울역은 다음입니다.

□ 乗<ruby>の</ruby>り過<ruby>す</ruby>ごしました。 　　　　　　　지나쳤습니다.

□ 江南駅<ruby>カンナム えき</ruby>でお乗<ruby>の</ruby>りかえください。 　　강남역에서 갈아타세요.

□ ３号線<ruby>さんごうせん</ruby>に乗<ruby>の</ruby>り換<ruby>か</ruby>えて３つ目<ruby>みっ め</ruby>です。 　3호선으로 갈아타고 3번째입니다.

162

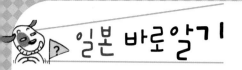

일본 바로알기

★ 신간선(신칸센)의 이름들

일본의 도심은 그 규모가 방대하여 그 인구의 집중을 소화하기 위해 교통이 잘 발달되어 있습니다. 특히 관광객들에게 신간센이라는 초특급열차를 타봤느냐의 유무는 관심사입니다. 신칸센은 그 빠르기가 자랑인데 이름도 자기의 장점을 살려 지은 것이 특징입니다. 이름들을 가만히 들여다보면 웃음이 절로 지어지는데 한 번 보실까요?(뜻은 사전을 참고 하세요. 공부도 할 겸 호호호!!!)

> ひかり
> のぞみ
> つばさ
> こだま
> こまち

교통

● タクシー	택시	● バス	버스
● 自転車 (じてんしゃ)	자전거	● オートバイ	오토바이
● 運転手 (うんてんしゅ)	운전사	● 料金 (りょうきん)	요금
● メーター	미터	● 止 (と) める	세우다
● 信号 (しんごう)	신호	● おつり	거스름돈
● 駅 (えき)	역	● 乗 (の) る	타다
● 乗 (の) りかえる	갈아타다	● タクシー乗 (の) り場 (ば)	택시정류장
● バス停 (てい)	버스정류장	● 停留所 (ていりゅうじょ)	정류장

部屋には何がありますか。
헤야니와 나니가 아리마스까

PART 3

05 방에는 무엇이 있습니까?
→ 집 구하기

 문형

- 部屋には何がありますか。　방에는 무엇이 있습니까?
- 風呂場もありますか。　목욕탕도 있습니까?

 **Dialogue** ⨯⨯⨯⨯⨯⨯⨯⨯⨯⨯⨯⨯⨯⨯⨯⨯⨯⨯⨯⨯⨯⨯⨯⨯⨯⨯⨯⨯⨯⨯⨯⨯⨯⨯⨯⨯

金　　部屋には何がありますか。
　　　헤야니와 나니가 아리마스까

不動産屋(ふどうさんや)　たんすやテーブルがあります。
　　　탄스야 테-부루가 아리마스

金　　風呂場もありますか。
　　　후로바모 아리마스까

不動産屋(ふどうさんや)　はい、あります。
　　　하이　　　아리마스

金　　台所には何がありますか。
　　　다이도꼬로니와 나니가 아리마스까

164

● 不動産屋 (ふどうさんや)	부동산	● たんす	옷장
● テーブル	테이블	● 風呂場 (ふろば)	목욕탕
● 台所 (だいどころ)	부엌	● ガス	가스
● オーブン	오븐	● 下宿 (げしゅく)	하숙

不動産屋 (ふどうさんや) ガスやオーブンがあります。
가스야 오-붕가 아리마스

金 下宿には学生が何人いますか。
げしゅく　がくせい　なんにん
게슈꾸니와 각세-가 난닝 이마스까

不動産屋 (ふどうさんや) 三人います。
さんにん
산닝이마스

金	방에는 무엇이 있습니까?
不動産屋	옷장이랑 테이블이 있습니다.
金	목욕탕도 있습니까?
不動産屋	예, 있습니다.
金	부엌에는 무엇이 있습니까?
不動産屋	가스랑 오븐이 있습니다.
金	하숙하는 학생이 몇 명 있습니까?
不動産屋	세 명 있습니다.

~屋(や) ~가게

일본어는 때에 따른 인사말이 다른 언어입니다. 이 「~屋(や)」는 체언과 결합하여 그 직업을 가진 가게나 사람을 나타내는 말로 쓰입니다.

예
八百屋 ^{やおや} 채소가게   パン屋 ^や 빵집   不動産屋 ^{ふどうさんや} 부동산   さかな屋 ^や 생선가게

02 ~や ~이랑, ~이나

여러 가지를 열거할 때 쓰이는 조사입니다. 「~や, ~など ~이랑(이나), ~등이」의 표현으로도 많이 활용되는데, 「~と 과」와는 뜻에 차이를 보입니다. 「~や」는 전체 중의 일부만을 열거하는 것인데 반해 「~と」는 전부를 열거할 때에 쓰입니다.

예
たんすやテーブルがあります。	옷장이랑 테이블이 있습니다.
ガスやオーブンがあります。	가스랑 오븐이 있습니다.
かばんの中に携帯やペンがあります。	가방 안에 핸드폰이랑 펜이 있습니다.
雑誌や漫画の本などがあります。	잡지랑 만화책 등이 있습니다.

03 ~も ~도

이와 비슷한 무언가가 또 있다고 가정할 때에 쓰이는 조사입니다. 뜻은 「~도」입니다.

예
風呂場もありますか。	목욕탕도 있습니까?
あれもタブレットPCですか。	저것도 태블릿PC입니까?
学生が三人もいます。	학생이 3명이나 있습니다.

04 **~人**(にん) ~명

사람 수를 셀 때 쓰이는 조수사입니다. 우리말의 「~명, ~사람」에 해당하는 말이죠. 「한 사람, 두 사람」에 유의하며 살펴보기로 합니다.

一人(ひとり)	한 사람	**二人**(ふたり)	두 사람	**三人**(さんにん)	세 사람
四人(よにん)	네 사람	**五人**(ごにん)	다섯 사람	**六人**(ろくにん)	여섯 사람
七人(しちにん・ななにん)	일곱 사람	**八人**(はちにん)	여덟 사람	**九人**(きゅうにん)	아홉 사람
十人(じゅうにん)	열 사람	**何人**(なんにん)	어느 사람		

例 あなたは<ruby>何人家族<rt>なんにんかぞく</rt></ruby>ですか。 몇 식구입니까?

<ruby>五人家族<rt>ごにんかぞく</rt></ruby>です。 다섯 식구입니다.

わたしは<ruby>子供<rt>こども</rt></ruby>が<ruby>三人<rt>さんにん</rt></ruby>もいます。 나는 아이가 세 명이나 있습니다.

167

□ 部屋には何が　　　　ありますか。　　　　방에는 무엇이 있습니까?

　　台所には何が　　　　　　　　　　　　　부엌에는 무엇이 있습니까?

　　風呂場も　　　　　　　　　　　　　　　목욕탕도 있습니까?

□ たんすやテーブルが　　　あります。　　　옷장이랑 테이블이 있습니다.

　　ガスや オーブンが　　　　　　　　　　가스랑 오븐이 있습니다.

□ あたらしいアパート です。　　　　　　　새 아파트입니다.

□ とても明るくてひあたりもいいです。　　매우 밝고 햇볕도 잘 듭니다.

□ 広くありませんが、新しいです。　　　　넓지는 않습니다만 새것입니다.

□ どんなところがいいですか。　　　　　　어떤 곳이 좋습니까?

□ 家賃はいくらですか。　　　　　　　　　집세는 얼마입니까?

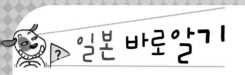
일본 바로알기

★집 구할 때 알아두면 유익한 상식

1. 일본은 보증금도 있다. 아니 그게 문제가 아니라 사례금까지 내야 한다.

우리나라는 흔히들 남한테 집 빌려주면 집을 망친다는 말을 하곤 합니다. 그만큼 내 것은 소중히 여기지만 남의 것이라면 대충 쓰고 마는 점을 비꼬는 말이겠지요. 하지만 타국에서 이런 정신으로 살다간 낭패보기 딱 알맞습니다. 집을 비워줄 때면 원위치로 무조건 되돌려 놔야 하는 것이 원칙입니다. 그러니 못 하나 박을 때도 곰곰이 생각 좀 해봐야겠죠. 일본은 보통 집을 빌릴 때에 보증금과 사례금을 준비해야 합니다. 보증금은 말 그대로 보증이 되는 돈이고, 사례금은 집주인에게 사례로 주는 그야말로 그냥 날아가는 돈입니다. 보통 그 액수는 월세의 2개월분을 말하며 보증금 1개월분보다 많습니다. 그러니 첫달에 준비해야 하는 돈이 만만치 않죠.

2. 암호가 사용된다!!

방의 개수와 거실, 주방 등을 약식기호로 표현한 점이 그런 오해를 불러일으킨 것 같습니다. 하나하나 점검해 볼까요?

2LDK [
숫자: 방의 개수   L: Living room (거실)
D: Dining room (주방)   K: Kitchen (부엌)

알아두면 유익한 어휘

집 구하기

● アパート	아파트	● マンション	맨션(우리의 아파트 개념)
● 部屋(へや)	방	● 間取(まど)り	구조
● 家賃(やちん)	집세	● 大家(おおや)さん	집주인
● 予算(よさん)	예산	● アパートさがし	아파트 구하기
● かぜとおし	통풍	● ひあたり	햇볕이 듦
● ひろい	넓다	● せまい	좁다
● 不動産(ふどうさんや)	부동산 중개업자	● 荷物(にもつ)	짐

PART 3

06

<ruby>甘<rt>あま</rt></ruby>くておいしいです。
아마꾸떼 오이시-데스

달고 맛있습니다.
→ 수퍼마켓

- この<ruby>大<rt>おお</rt></ruby>きい<ruby>梨<rt>なし</rt></ruby>はいくらですか。　　이 커다란 배는 얼마입니까?
- これよりもっと<ruby>安<rt>やす</rt></ruby>いのはありませんか。　이것보다 좀더 싼 것은 없습니까?

 **Dialogue** ◇◇

李　　この<ruby>大<rt>おお</rt></ruby>きい<ruby>梨<rt>なし</rt></ruby>はいくらですか。
　　　코노 오-끼- 나시와 이꾸라데스까

店員 (てんいん)　その<ruby>大<rt>おお</rt></ruby>きい<ruby>梨<rt>なし</rt></ruby>はひとつ<ruby>100<rt>ひゃく</rt></ruby><ruby>円<rt>えん</rt></ruby>です。
　　　소노 오-끼- 나시와 히또쯔 햐꾸엔데스

李　　そうですか。<ruby>高<rt>たか</rt></ruby>いですね。
　　　소-데스까　　　　　타까이데스네

　　　<ruby>甘<rt>あま</rt></ruby>いですか。
　　　아마이데스까

店員 (てんいん)　はい、<ruby>甘<rt>あま</rt></ruby>くておいしいです。
　　　하이　　　아마꾸떼 오이시-데스

170

- 大(ぉぉ)きい　크다
- ひとつ　한 개, 하나
- ～より　～보다
- おいしい　맛있다

- 梨(なし)　배
- 甘(あま)い　달다
- もっと　좀 더
- りんご　사과

李　これよりもっと安(やす)いのはありませんか。
　　코레요리 몯또 야스이노와 아리마셍까

店員(てんいん)　ええ、これより安(やす)いのはありません。
　　에-　코레요리 야스이노와 아리마셍

このりんごはどうですか。
코노 링고와 도-데스까

安(やす)くておいしいです。
야스꾸떼 오이시-데스

李　じゃ、これにします。
　　쟈　코레니 시마스

李	이 커다란 배는 얼마입니까?
店員	그 커다란 배는 한 개에 100엔입니다.
李	그렇습니까? 비싸군요. 답니까?
店員	예, 달고 맛있습니다.
李	이것보다 좀더 싼 것은 없습니까?
店員	예, 이것보다 싼 것은 없습니다. 이 사과는 어떻습니까? 싸고 맛있습니다.
李	그럼, 이걸로 하겠습니다.

 いくらですか 얼마입니까?

가격이나 그 정도를 물을 때에 쓰는 표현입니다. 일상에서 많이 사용되는 말이니 이 정도는 알고 넘어가야겠죠?

> 예 この大^{おお}きい梨^{なし}はいくらですか。　　이 커다란 배는 얼마입니까?
>
> これはいくらですか。　　이것은 얼마입니까?
>
> 全部^{ぜんぶ}でいくらですか。　　전부 얼마입니까?

 ~くて ~고, 서

첫걸음 편에서 형용사와 여러 가지 표현에 관해서 배웠습니다. 이과에서는 형용사의 중지법에 관해 익혀보도록 하겠습니다. 형용사의 중지법 즉, 앞뒤 문장을 연결해 주고자 할 때는 어미 「い」를 「く」로 바꾸고 「て」를 접속시키면 됩니다.

> 어미 「い」 → 「く」+「て」

> 예 大^{おお}きい 크다 → 大^{おお}きくて 크고
>
> 長^{なが}い 길다 → 長^{なが}くて 길고
>
> 軽^{かる}い 가볍다 → 軽^{かる}くて 가볍고
>
> 甘^{あま}くておいしいです。　　달고 맛있습니다.
>
> このいしもちは大^{おお}きくておいしいです。　　이 조기는 크고 맛있습니다.

172

03 もっと

「더, 좀더」라는 뜻으로 사용되는 부사입니다.

예 これよりもっと安(やす)いのはありませんか。　　이것보다 좀더 싼 것은 얼마입니까?

これをもっとください。　　　　　　　　　　이것을 좀더 주십시오.

もっと早(はや)く行(い)くのがいいです。　　　좀더 빨리 가는 것이 좋습니다.

04 ~より ~보다

어떤 동작이나 상태를 서로 비교할 때에 쓰는 표현입니다. 우리말로는 「~보다」라고 해석하면 됩니다.

예 もっと安(やす)いのはありませんか。　　　　좀더 싼 것은 없습니까?

これより安(やす)いのはありません。　　　　이것보다 싼 것은 없습니다.

中国(ちゅうごく)は韓国(かんこく)より大(おお)きな国(くに)です。　　중국은 한국보다 큰 나라입니다.

□ この梨(なし)は いくらですか。　　　이 배는 얼마입니까?

　　このパンは　　　　　　　　　　　이 빵은 얼마입니까?

　　このケーキは　　　　　　　　　　이 케이크는 얼마입니까?

□ 甘(あま)くて おいしいです。　　　달고 맛있습니다.

　　安(やす)くて　　　　　　　　　　싸고 맛있습니다.

□ 今日(きょう)だけ安(やす)いです。　　오늘만 쌉니다.

□ 100(ひゃく)グラムで いくらですか。　100그램에 얼마입니까?

　　ひとつ　　　　　　　　　　　　　한 개에 얼마입니까?

□ 今朝(けさ) 入(はい)ったばかりです。　오늘 아침 막 들어왔습니다.

　　1時間前(いちじかんまえ)に　　　　1시간 전에 막 들어왔습니다.

174

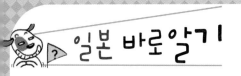
★소포장 문화가 발달한 일본

예로부터 일본은 음식 재료 하나 하나가 소포장 되어 나오기도 하고 심지어 극히 소량이라도 배달을 해주곤 했습니다. 우리도 독신가구가 늘어나고 가족도 핵가족화 되어 각자 개인 위주의 생활을 하다 보니 밥상에 온가족이 모여 밥 먹기가 점점 힘들어져 가고 있는 형편이죠. 그래서 사다놓은 음식 재료도 제때 소화하기가 어려운데 아직은 소량 상품의 단가가 큰걸 사는 거에 비해 비싸다 보니 선뜻 손이 가지지는 않는 편입니다. 한 끼에 먹을 분량만 조금씩 준비하는 것도 그리 쉽지가 않고요. 이럴 땐 그네들이 조금 부럽긴 합니다. 뭐든지 작게 만들어서 세계를 놀라게 했던 일본. 이제 경제도 서서히 일어선다고 하니 기대해 볼 만하네요.

야채 · 과일

• 白菜(はくさい)	배추		• 大根(だいこん)	무
• 玉葱(たまねぎ)	양파		• 葱(ねぎ)	파
• じゃがいも	감자		• さつまいも	고구마
• 大蒜(にんにく)	마늘		• 唐辛子(とうがらし)	고추
• もやし	콩나물		• かぼちゃ	호박
• りんご	사과		• なし	배
• すいか	수박		• もも	복숭아
• 蜜柑(みかん)	귤		• まくわうり	참외
• 苺(いちご)	딸기		• 柿(かき)	감

PART 3

07

きれいでおいしい食堂^{しょくどう}として有名^{ゆうめい}です。
키레-데 오이시- 쇼꾸도-또시떼 유-메-데스

깨끗하고 맛있는 식당으로 유명합니다. → 식사 제의

> • あなたは何^{なに}が食^たべたいですか。　　당신은 무엇을 먹고 싶습니까?
>
> • きれいでおいしい食堂^{しょくどう}として有名^{ゆうめい}です。　깨끗하고 맛있는 식당으로 유명합니다.

Dialogue ◇◇◇

金　　**あなたは何^{なに}が食^たべたいですか。**
　　　아나따와 나니가 타베 따이데스까

　　　しゃぶしゃぶがすきですか。
　　　사부사부가 스끼데스까

山田（やまだ）　**ええ、わたしは肉類^{にくるい}が大好^{だいす}きです。**
　　　에-　　　와따시와 니꾸루이가 다이스끼데스

金　　**じゃ、そこに行^いきましょう。**
　　　자　　　소꼬니 이끼마쇼-

　　　きれいでおいしい食堂^{しょくどう}として有名^{ゆうめい}です。
　　　키레-데 오이시- 쇼꾸도-또시떼 유-메-데스

176

- 肉類(にくるい)　　육류
- 食堂(しょくどう)　　식당
- 有名(ゆうめい)だ　　유명하다
- 中(なか)　　중, 속
- てっぱんやき　　철판요리

- 大好(だいす)きだ　　매우 좋아하다
- ~として　　~로서
- 日本料理(にほんりょうり)　　일본요리
- 一番(いちばん)　　가장, 제일
- しゃぶしゃぶ　　샤브샤브

山田(やまだ)　　あ、そうですか。
아　　소-데스까

にほんりょうり　なか　なに　いちばん　す
あなたは日本料理の中で何が一番好きですか。
아나따와 니혼료-노 나까데 나니가 이찌방 스끼데스까

わたし　にほんりょうり　なか　　　　　いちばん　す
金　　私は日本料理の中でてっぱんやきが一番好きです。
와따시와 니혼료-리노 나까데 텟빵야끼가 이찌방 스끼데스

金　당신은 무엇을 먹고 싶습니까?
　　샤브샤브를 좋아합니까?
山田　예, 나는 육류를 많이 좋아합니다.
金　그럼, 거기로 가죠.
　　깨끗하고 맛있는 식당으로 유명합니다.
山田　아, 그렇습니까?
　　당신은 일본요리 중에 무엇을 가장 좋아합니까?
金　나는 일본요리 중에 철판요리를 가장 좋아합니다.

177

01 ~として ~으로서

「~으로서, ~의 입장에서」의 뜻으로 조사 「と」와 동사 「する의 변형형(して)」가 결합하여 만들어졌습니다. 그 외에도 여러 가지 뜻이 있으나 여기에서는 이것만 다루기로 하겠습니다.

예 きれいでおいしい食堂として有名です。　　깨끗하고 맛있는 식당으로 유명합니다.

彼は学者として有名です。　　그는 학자로서 유명합니다.

われわれは国民としての責任があります。　우리는 국민으로서의 책임이 있습니다.

02 ~ましょう ~시다

앞에서 우리는 「ます」의 활용에 관해 배웠습니다. 이번 과에서도 이 「ます」를 활용한 형태에 관해 공부하기로 하겠습니다. 이 「ましょう」는 「ます」의 권유형으로 「~합시다」라고 해석하면 됩니다.

「ます」의 권유형 → 「ましょう」

예 じゃ、そこに行きましょう。　　그럼, 거기로 가죠.

ここで休みましょう。　　여기서 쉽시다.

あしたどこで会いましょうか。　　내일 어디에서 만날까요?

178

03 ~に ~에, ~로

「~に」의 용법은 여러 가지가 있지만 몇 가지를 들어보자면 다음과 같습니다. 때, 장소나 방향, 동작의 대상이나 동작이 미치는 귀착점, 목적 등등이 그것입니다.

> 예 あなたは何時に起きますか。　　　당신은 몇 시에 일어납니까?
>
> あした日本に行きます。　　　내일 일본에 갑니다.
>
> 汽車に乗って行きます。　　　기차를 타고 갑니다.
>
> 日本に勉強に来ました。　　　일본에 공부하러 왔습니다.

04 ~の 中で ~중(에)

「~の 中(なか)で」의 형태로 「~중(에)」의 뜻으로 사용됩니다. 「~では 에서는」로 대체해도 무방합니다.

> 예 あなたは日本料理の中で何が一番好きですか。
> 당신은 일본 요리 중에 무엇을 가장 좋아합니까?
>
> 映画の中で一番おもしろいものは何ですか。
> 영화 중에 가장 재미있는 것은 무엇입니까?
>
> 日本料理ではしゃぶしゃぶが一番おいしいです。
> 일본 요리에서는 샤브샤브를 가장 좋아합니다.

□ 何が食べたいですか。 무엇을 먹고 싶습니까?

□ どんな食べ物がお好のみですか。 어떤 음식을 좋아하십니까?

□ あなたは日本料理の中で何が一番好きですか。
당신은 일본 요리 중에 무엇을 가장 좋아합니까?

□ わたしは肉類が大好きです。 나는 육류를 가장 좋아합니다.

□ わたしは焼肉が好きです。 나는 고기를 좋아합니다.

□ スパゲッティはどうですか。 스파게티는 어떻습니까?

□ わたしはもう食べました。 나는 벌써 먹었습니다.

□ 何でも食べます。 무엇이든 먹습니다.

□ きれいでおいしい食堂として有名です。
깨끗하고 맛있는 식당으로서 유명합니다.

□ 安くありませんが、おいしいです。 싸지는 않습니다만, 맛있습니다.

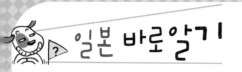

★더치페이, 아니 割(わ)り勘(かん)-각자 부담

일본인들은 더치페이, 아니 割(わ)り勘(かん)-각자 부담 정신이 대단하다 못해 아주 자연스러운 모습에 가깝다고 할 수 있지요. 사실 여럿이 어울리다 보면 내는 사람만 내기 마련이지요.

우리도 경제적 어려움을 겪어서인지 아니면, 세대가 바뀐 탓인지는 모르겠지만 이제는 각자 먹은 것은 각자 내는 것이 일반화된 듯합니다. 요즘 젊은이들은 말술보다는 술의 질에 초점을 두고 각자 취향대로 즐기는 것 같고 담배도 윗세대들보다는 덜하고, 좌우지간 남을 의식하지 않고 자신을 위해 열심히 사는 걸 보면 부럽기도 하고 대견하기도 합니다. 하지만 가끔은 시집살이의 어려움도 호소하고, 어려울 때는 얻어먹을 수도 있었던 그런 시절이 그리울 때도 있는 건 어쩌죠. 우리의 지긋하신 어르신들도 왜 자신을 아끼지 않았겠습니까?

세상에 중요한 건 돈도 자신의 성공뿐만이 아닌, 아주 소박한 것에서도 이루어진다는 걸 꼭 알려주고 싶습니다. 내가 행복하려면 이 소박한 것들이 다 밑받침이 되어야 하지요. 어느 순간 돌아봤는데 나만 있다면 너무 외롭지 않을까요? 가끔 조금씩은 되돌아볼 줄 아는 여유로움을 지닐 줄 아는 현명한 사람이 되었으면 하는 바람입니다.

さあ、行(い)きましょう。私(わたし)がおごります。　자, 갑시다. 제가 한 턱 내겠습니다.

割(わ)り勘(かん)しましょう。　각자 부담하지요.

半分(はんぶん)ずつ出(だ)しましょう。　반씩 냅시다.

 알아두면 유익한 어휘

식사

● 注文(ちゅうもん)	주문	● 何名様(なんめいさま)	몇 분
● メニュー	메뉴	● 一人前(いちにんまえ)	1인분
● 二人前(ににんまえ)	2인분	● 飲(の)み物(もの)	음료
● おすすめ料理(りょうり)	추천요리	● 勘定(かんじょう)	계산
● 揚(あ)げる	튀기다	● むす	찌다
● 焼(や)く	굽다	● 和(あ)える	무치다

PART 3

08

ふんいき
雰囲気はよかったです。
홍이끼와 요깟따데스

분위기는 좋았습니다.
→ 데이트

 point 문형

- きのうのデートはおもしろかったですか。　어제 데이트는 재미있었습니까?
- あまりおいしくなかったですが、雰囲気はよかったです。
ふんいき
  그다지 맛있지 않았습니다만, 분위기는 좋았습니다.

 **Dialogue** 〰〰

田中 (たなか)　きのうのデートはおもしろかったですか。
키노-노 데-또와 오모시로깟따데스까

金　はい、とてもおもしろかったです。
하이　토떼모 오모시로깟따데스

田中 (たなか)　食事はどうでしたか。
しょくじ
쇼꾸지와 도-데시따까

金　あまりおいしくなかったですが、雰囲気はよかったです。
ふんいき
아마리 오이시꾸 나깟따데스가　　　　홍이끼와 요깟따데스

田中 (たなか)　うらやましいですね。
우라야마시-데스네

182

金

あなたはきのう何をしましたか。
아나따와 키노- 나니오 시마시따까

田中(たなか)

私は 一日中家にいました。
와따시와 이찌니찌쥬-우찌니 이마시따

彼女は学生ですか。
카노죠와 각세-데스까

金

いいえ、塾の先生です。
이-에   쥬꾸노 센세-데스

田中 어제 데이트는 재미있었습니까?

金   예, 매우 재미있었습니다.

田中 식사는 어땠습니까?

金   그다지 맛있지 않았습니다만, 분위기는 좋았습니다.

田中 부럽군요.

金   당신은 어제 무엇을 했습니까?

田中 나는 하루종일 집에 있었습니다.

      그녀는 학생입니까?

金   아니오, 학원 선생입니다.

183

 형용사의 과거형

첫걸음 편에서 배운 형용사의 과거형이 많이 활용되고 있습니다. 가볍게 다시 한번 확인하고
지나가기로 할까요? 단,「いい」의 경우에는「よかった」인 점에 유의하도록 합니다.

어미「い」→「かった」

예 デートはおもしろかったですか。	데이트는 재미있었습니까?
はい、とてもおもしろかったです。	예, 매우 재미있었습니다.
きのうは寒(さむ)かったです。	어제는 추웠습니다.
あの店(みせ)の料理(りょうり)はおいしかったです。	그 가게 요리는 맛있었습니다.
雰囲気(ふんいき)はよかったです。	분위기는 좋았습니다.

 どうでしたか 어땠습니까?

「どうですか」의 과거형으로 어떤 일에 대한 감상을 물어볼 때에 쓰입니다.

예 食事(しょくじ)はどうでしたか。	식사는 어땠습니까?
映画(えいが)はどうでしたか。	영화는 어땠습니까?
試験(しけん)はどうでしたか。	시험은 어땠습니까?

03 형용사의 과거부정

이번에는 형용사의 과거부정형입니다. 과거부정형은 형용사의 어미 「い」를 「くなかった」로
바꿔주면 됩니다. 정중형은 여기에 「です」만 붙여주면 됩니다. 「くありませんでした」도
같은 뜻입니다.

> 어미 「い」→「くなかった」

> 예 あまりおいしくなかったです。　　　그다지 맛있지 않았습니다.
>
> 　　しけん　　　　　むず
> 　　試験はあまり難しくなかったです。　시험은 그다지 어렵지 않았습니다.
>
> 　　えいが
> 　　映画はおもしろくなかったです。　　영화는 재미있지 않았습니다.

04 塾(じゅく) 학원

일본의 학원은 「学院(がくえん)」이라고 하지 않고 「塾」라고 합니다. 우리나라나 일본이나 자식
에 대한 교육열은 대단합니다. 요즘은 중국까지 한몫하고 있으니 이거 웃어야 할지 울어야 할지
참으로 난감합니다.

> 　　しごと　　なん
> 예 お仕事は何ですか。　　　하시는 일은 무엇입니까?
>
> 　　じゅく　せんせい
> 　　塾の先生です。　　　　　학원 선생입니다.

□ おもしろかったですか。　　재미있었습니까?

□ 食事は<ruby>食事<rt>しょくじ</rt></ruby>は　どうでしたか。　　식사는 어땠습니까?

　　<ruby>雰囲気<rt>ふんいき</rt></ruby>は　　분위기는 어땠습니까?

□ あなたはきのう<ruby>何<rt>なに</rt></ruby>をしましたか。　　당신은 어제 무엇을 했습니까?

□ デートをし　　ました。　　데이트를 했습니다.

　　<ruby>一日中家<rt>いちにちじゅううち</rt></ruby>にい　　하루종일 집에 있었습니다.

　　<ruby>一日中<rt>いちにちじゅう</rt></ruby>テレビを<ruby>見<rt>み</rt></ruby>　　하루종일 텔레비전을 봤습니다.

□ <ruby>彼女<rt>かのじょ</rt></ruby>は<ruby>何<rt>なに</rt></ruby>をして　いますか。　　그녀는 무엇을 하고 있습니까?

□ <ruby>大学<rt>だいがく</rt></ruby>に<ruby>行<rt>い</rt></ruby>って　　います。　　대학에 다니고 있습니다.

　　<ruby>高校<rt>こうこう</rt></ruby>の<ruby>先生<rt>せんせい</rt></ruby>をして　　고등학교 선생을 하고 있습니다.

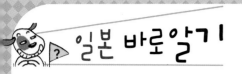

★요즈음은 데이트도 상대가 누구냐가 관건!!

사람을 만난다는 건 그리 쉬운 일이 아닙니다. 아무리 시대가 변하고 만남의 의미가 퇴색했다고 하더라도 헤어짐의 아픔은 남게 마련이지요. 일본 아줌마들의 겨울연가에 열광하는 모습만 봐도 우리 시대가 원하는 남성상이 어떤지 알 수 있겠지요?

불과 십수년 전만 해도 일본 여성들은 남편 앞에 무릎 꿇고 앉아 시키는 일을 묵묵히 해내는 현모양처형 여성들이라 하여 세계 최고의 신부감이었습니다. 지금은 어떤가요? 당당하게 자신의 영역을 개척해 나가고 좋아하는 연예인들이 있으면 세계 어디라도 날아갈 준비가 되어 있는 적극적인 여성들이죠. 물론 호들갑 떨지 않고 그들만의 방식대로 다소곳하게 말입니다. 은퇴까지 기다렸다 황혼 이혼하는 이들부터 남편을 젖은 낙엽(ぬれ落ち葉)처럼 찰싹 달라붙어 귀찮게 하는 존재로 여기는가 하면, 은퇴한 남편과의 생활에 적응하지 못해 우울증에 빠지는 여성들을 보노라면 고령화 시대에 남의 문제만은 아니라고 봅니다.

우리도 50대 남성들이 부인들의 곰국 끓이는 걸 보면 가슴이 철렁한다고 하지 않습니까? 아무튼 나와 가장 오래 같이 할 동반자라면 그 만남에서부터 신중해야겠습니다. 이 설레고 소중한 감정들을 마지막까지 가지고 살 수 있다면 이 세상에 부러울 것이 어디 있겠습니까? 서로의 배경을 중시하고 운명이 아닌 결혼 정보회사가 맺어주는 세상이지만 첫 시작은 미미하지만 그 끝은 찬란하다는 말도 있지 않습니까? 무언가를 이룩하는데 그 성장은 극적이어야 더 빛나지 않을까요? 데이트도 상대가 누구냐가 관건이긴 하지만 나의 소중한 이를 선택하고 만나보는 자리이니만큼 자신만의 기준과 소신을 갖고 도전하는 멋진 젊은이들이 되어보세요. 물론 아줌마, 아저씨들은 자제해 주시고요!! 호호!!

직업

学生(がくせい)	학생	先生(せんせい)	선생님
ビジネスマン	비즈니스맨	サラリーマン	샐러리맨
公務員(こうむいん)	공무원	会社員(かいしゃいん)	회사원
医者(いしゃ)	의사	看護婦(かんごふ)	간호사
建築士(けんちくし)	건축사	大工(だいく)	목수

PART 3

09

にほん　　　　　　　くに
日本はどんな国でしたか。
니혼와 돈나 쿠니데시따까

일본은 어떤 나라였습니까?
→ 여행

point 문형

にほん　　　　　　くに
・日本はどんな国でしたか。　　　　　일본은 어떤 나라였습니까?

・とてもきれいだったです。　　　　　매우 깨끗했습니다.

Dialogue ◇◇

にほんりょこう
金　日本旅行はどうでしたか。
니혼료꼬-와 도-데시따까

李　なかなかよかったです。
나까나까 요깟따데스

にほん　　　　　　くに
金　日本はどんな国でしたか。
니혼와 돈나 쿠니데시따까

　　きれいだったですか。
키레-닷따데스까

李　ええ、とてもきれいだったです。
에-　　　　토떼모 키레-닷따데스

188

日本旅行(にほんりょこう)	일본여행	なかなか	꽤
国(くに)	나라	日本人(にほんじん)	일본인
親切(しんせつ)だ	친절하다	食物(たべもの)	음식
やすい	싸다	おいしい	맛있다

にほんじん　　　しんせつ
金　日本人は親切でしたか。
니혼진와 신세쯔데시따까

しんせつ
李　ええ、親切でした。
에-　　신세쯔데시따

たべもの
金　食物はどうでしたか。
타베모노와 도-데시따까

李　あまりやすくなかったですが、
아마리 야스꾸나깟따데스가

おいしかったです。
오이시깟따데스

金　일본여행은 어땠습니까?

李　꽤 좋았습니다.

金　일본은 어떤 나라였습니까?
깨끗했습니까?

李　예, 매우 깨끗했습니다.

金　일본인은 친절했습니까?

李　예, 친절했습니다.

金　음식은 어땠습니까?

李　그다지 싸지는 않았습니다만 맛있었습니다.

189

 01 **なかなか** 꽤, 좀처럼

부사인「なかなか」도 몇 가지의 뜻이 있는데,「상당히, 꽤」의 의미와「좀처럼」등이 그것입
니다. 예문을 보면서 살펴볼까요?「좀처럼」뒤에는 의미상 부정적 문장이 옵니다.

> 예 なかなかよかったです。 꽤 좋았습니다.
>
> なかなか遠いです。 상당히 멉니다.
>
> なかなかできません。 좀처럼 안됩니다.

 02 **명사형용사의 과거형**

이번 과에서는 명사형용사의 과거형을 다루기로 하겠습니다. 명사형용사의 과거형은 어미
「だ」를「だった」로 바꾸어주면 되고, 그 정중형은「だ」를 떼고「でした」를 붙이던지「だった」
에「です」를 붙여「だったです」라고 하면 됩니다.

> 어미「だ」→「だった」

> 예 日本はとてもきれいだった。 일본은 매우 깨끗했다.
>
> ガイドは親切だった。 가이드는 친절했다.
>
> 日本はとてもきれいだったです。 일본은 매우 깨끗했습니다.
>
> ガイドは親切だったです。 가이드는 친절했습니다.
>
> ガイドは親切でした。 가이드는 친절했습니다.

03 ~物(もの) ~것, ~하기

동사의 「ます」형에 연결되어 「~것, ~거리, ~하기」의 뜻으로 쓰입니다.

> 예　食べ物 음식　　　飲み物 마실 것, 음료
>
> 　　読み物 읽을 거리　　見物 구경거리
>
> 　　買い物 물건 사기

04　あまり 그다지, 너무

「あまり」는 뒤에 오는 문장에 따라 뜻이 「그다지」로도 혹은 「너무」로도 쓰입니다.

> 「あまり」+부정　→「그다지」
>
> 「あまり」+긍정　→「너무」

> 예　寿司はあまり好きではありません。
> 스시는 그다지 좋아하지 않습니다.
>
> 　　あまりやすくなかったですが、おいしかったです。
> 그다지 싸지는 않았습니다만 맛있었습니다.
>
> 　　あまり食べ過ぎる。
> 너무 많이 먹다.

□ 日本旅行はどう でしたか。　　　　　일본여행은 어땠습니까?

にほんりょこう

日本はどんな国　　　　　　　　　　일본은 어떤 나라였습니까?

にほん　　　　　くに

日本人は親切　　　　　　　　　　　일본인은 친절했습니까?

にほんじん　　しんせつ

食物はどう　　　　　　　　　　　　음식은 어땠습니까?

たべもの

□ 映画はおもしろかったですか。　　　영화는 재미있었습니까?

えいが

□ はい、おもしろかったです。　　　　예, 재미있었습니다.

□ あまりおもしろくなかったです。　　그다지 재미있지 않았습니다.

□ おいしかったです。　　　　　　　　맛있었습니다.

□ おいしくなかったです。　　　　　　맛있지 않습니다.

□ なかなかよかったです。　　　　　　꽤 좋았습니다.

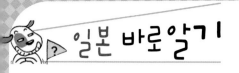 일본 바로알기

★일본, 일본인, 일본문화

어느 나라에나 자국만의 특징을 가진 문화를 갖고 있겠지만 일본도 그냥 떠오르는 독특한 그네들만의 특징이 있습니다. 한국의 단아한 한복과 일본의 기모노. 우리에게 탈춤, 판소리가 있다면 일본에는 가부키가 있죠. 가장 일본적인 것을 느끼고 싶다면 일본 여관에서 한번 숙박해 보는 것도 체험이라면 체험이겠습니다. 일본의 대표요리를 코스별로 즐길 수 있는 가이세키요리, 전통 다다미방도 체험해 보고 음식 고유의 아름다움과 멋, 맛을 살린 요리도 먹고 온천도 할 수 있으면 반쯤은 일본인이 된 듯한 착각마저도 느끼게 됩니다. 가장 한국적인 것이 세계적이듯이 이제는 일본적이라는 것이 그리 낯설게만 느껴지지는 않습니다.

 알아두면 유익한 어휘

여행

たかい	비싸다	やすい	싸다
おいしい	맛있다	まずい	맛없다
おもしろい	재미있다	映画(えいが)	영화
歌舞伎(かぶき)	가부키	着物(きもの)	기모노, 일본 전통의상
茶道(さどう)	차도	畳(たたみ)	다다미
懐石料理(かいせきりょうり)	일본의 정통 코스요리	気候(きこう)	기후

PART 3

10

いまはだれもいません。
이마와 다레모 이마셍

지금은 아무도 없습니다.
→ 방문

point 문형

- どうぞ、こちらへ。 　　　이쪽으로 들어오십시오.
- あなたは<ruby>何人家族<rt>なんにんかぞく</rt></ruby>ですか。 　당신은 몇 식구입니까?

Dialogue ◇◇

金 　　やあ、<ruby>田中<rt>たなか</rt></ruby>さん、いらっしゃい。
　　　아- 　　　타나까상 이랏샤이

　　　どうぞ、こちらへ。
　　　도-조 　　　코찌라에

田中 (たなか) 　おじゃまします。
　　　오쟈마시마스

　　　<ruby>今家<rt>いまうち</rt></ruby>にはだれかいますか。
　　　이마 우찌니와 다레까 이마스까

金 　　いいえ、いまはだれもいません。
　　　이-에 　　　이마와 다레모 이마셍

194

새로 배우는
어휘

- おじゃまします　　실례하겠습니다
- だれも　　　　　　아무도
- ペット　　　　　　애완동물

- だれか　　　　　　　　누군가
- 何人家族(なんにんかぞく)　몇 식구
- いぬ　　　　　　　　　개

田中 (たなか)　**あなたは何人家族(なんにんかぞく)ですか。**
아나따와 난닝가조꾸데스까

金　**4人家族(よにんかぞく)です。**
요닝가조꾸데스

田中 (たなか)　**そうですか。**
소-데스까

ペットもいますか。
펫또모 이마스까

金　**はい、いぬが二匹(にひき)います。**
하이　　이누가 니히끼 이마스

金	아, 다나카 씨, 어서 오세요. 자, 이쪽으로 들어오십시오.
田中	실례하겠습니다. 지금 집에는 누군가 있습니까?
金	아니오, 지금은 아무도 없습니다.
田中	당신은 몇 식구입니까?
金	네 식구입니다.
田中	그렇습니까? 애완동물도 있습니까?
金	예, 개가 두 마리 있습니다.

195

01 いらっしゃい 어서 오세요

누군가를 맞이할 때 쓰이는 인사말입니다. 상점 같은 곳에서는 「いらっしゃいませ。」라고
하나 방문객을 맞이할 때는 「いらっしゃい」라고 합니다.

예 やあ、田中_{たなか}さん、いらっしゃい。　　아, 다나카 씨, 어서 오세요.

いらっしゃいませ、何名様_{なんめいさま}ですか。　어서 오세요. 몇 분이십니까?

02 だれか / だれも 누군가 / 아무도

첫걸음 편에서 다루었던 내용입니다. 「だれか」는 누군가 있고 없음을 묻는 표현이고,
「だれも」는 있는 사람이 전혀 없음을 나타냅니다.

예 今家_{いまうち}にはだれかいますか。　　지금 집에는 누군가 있습니까?

だれもいません。　　　　　　　아무도 없습니다.

03 何人家族(なんにんかぞく) 몇 식구

가족의 수를 묻는 표현입니다. 그 외에 「あなたの家族(かぞく)は何人(なんにん)ですか。」라
는 표현으로 대체해도 무방합니다.

196

> 예 あなたは<ruby>何人家族<rt>なんにんかぞく</rt></ruby>ですか。　　당신은 몇 식구입니까?
>
> <ruby>4人家族<rt>よにんかぞく</rt></ruby>です。　　네 식구입니다.
>
> <ruby>独<rt>ひと</rt></ruby>り<ruby>暮<rt>ぐ</rt></ruby>らしです。　　혼자 삽니다.

 ~匹(ひき) ~마리

작은 동물을 세는 조수사입니다. 발음에 유의하며 익혀보도록 합니다.

一匹(いっぴき)	한 마리	二匹(にひき)	두 마리	三匹(さんびき)	세 마리
四匹(よんひき)	네 마리	五匹(ごひき)	다섯 마리	六匹(ろっぴき)	여섯 마리
七匹(ななひき)	일곱 마리	八匹(はっぴき)	여덟 마리	九匹(きゅうひき)	아홉 마리
十匹(じゅっぴき・じっぴき)	열 마리	何匹(なんびき)	몇 마리		

□ ごめんください。 실례합니다. (계십니까?)

□ いらっしゃい。 어서 오세요.

□ しつれいします。 실례합니다.

□ おじゃまします。 실례하겠습니다.

□ よくいらっしゃいました。 잘 오셨습니다.

□ どうぞ、こちらへ。 자, 이쪽으로.

□ どうぞお入_{はい}り　くださいませ。 자, 들어오세요.

どうぞお上_あがり 자, 올라오세요.

□ お茶_{ちゃ}をどうぞ。 차 드세요.

□ また、おいでください。 또 오세요.

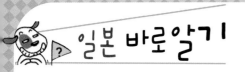
★상대방을 위한 배려, 배려 또 배려!!!

한때는 일본 여성을 최고의 신붓감으로 여겼습니다. 그만큼 남편 뒷바라지 잘하고 아이들에게 지극 정성이고 자신은 끝까지 희생으로 일관하는 모습으로 그려지곤 했죠. 하지만 지금은 좀 더 적극적인, 자기 표현도 할 줄 아는(욘사마 팬들을 생각해 보시라) 진취적인 모습으로 바뀌어졌습니다.

그래도 아직은 상대방을 배려하는, 남에게 폐를 끼치지 않으려는 그네들의 국민성은 퇴색되지 않은 듯합니다. 손님을 맞이하는 정성에서부터 작고 세세한 부분까지 배려하는 모습은 전체가 화합하여 잘 살고자 하는 의지의 표현이겠죠. 점점 각박해져 가는 이 사회에서 상대방을 배려하는 마음을 조금이나마 표현한다면 좀 더 밝은 세상이 되지 않을까요?

초대 · 방문

● 招待(しょうたい)	초대	● 訪問(ほうもん)	방문
● お茶(ちゃ)	차	● コーヒー	커피
● ご主人(しゅじん)	주인	● お客(きゃく)さん	손님
● 家族(かぞく)	가족	● 食事(しょくじ)	식사
● 子供(こども)	아이	● 家内(かない)	처, 아내
● 猫(ねこ)	고양이	● 犬(いぬ)	개

부록

1. 동사의 활용

■ 동사의 종류

1. 「う」로 끝나는 「う」동사 (5단 동사, 1류 동사, 1그룹 동사라고도 함)
2. 「る」로 끝나면서 앞이 「い」단이나 「え」단이 오는 「る」동사
   (「い」단 : 상1단 동사 · 「え」단 : 하1단 동사, 2그룹 동사라고도 함)
3. 「くる」, 「する」등의 불규칙 동사 (3그룹 동사라고도 함)

1) 5단 동사의 활용

1. **미연형**: 어미 う단 → あ단 +ない(~하지 않는다)
    　　　　　　　　　　　お단 → う(~하자, ~하겠다)

   ⑩ かく → かかない(쓰지 않는다), かこう(쓰자, 쓰겠다)

2. **연용형**: 어미 う단 → い단 +ます(정중표현), て(~하고), た(~했다), たり(~하기도 하고)

   ⑩ かく → かきます(씁니다)(た, たり가 붙을 경우엔 음편이라는 특수한 현상이 일어납니다.)

3. **종지형**: 기본형과 같습니다.
4. **연체형**: 기본형과 같습니다.
5. **가정형**: 어미 う단 → え단 +ば(~하면)

   ⑩ かく → かけば(쓰면)

6. **명령형**: 어미 う단 → え단(~해라)

   ⑩ かく → かけ(써라)

2) 상1단 동사의 활용

1. **미연형**: い단 + る → い단 +ない(~하지 않는다)

   い단→よう(~하자, ~하겠다)

   예 みる → みない(보지 않는다)   みよう(보자, 보겠다)

2. **연용형**: い단+る→い단+ます(정중표현)

   예 みる → みます(봅니다)

3. **종지형**: 기본형과 같습니다.
4. **연체형**: 기본형과 같습니다.
5. **가정형**: い단 + る → い단 +れ + ば(~하면)

   예 みる → みれば(보면)

6. **명령형**: い단 + る → い단 +ろ(よ)(~해라)

   예 みる → みろ(봐라)

3) 하1단 동사의 활용

1. **미연형**: え단 + る → え단 +ない(~하지 않는다)

   え단→よう(~하자, 하겠다)

   예 たべる → たべない(먹지 않는다)   たべよう(먹자, 먹겠다)

2. **연용형**: え단 + る → え단 +ます(정중표현)

   예 たべる → たべます(먹습니다)

3. **종지형**: 기본형과 같습니다.

4. **연체형**: 기본형과 같습니다.

5. **가정형**: え단 + る → え + れ + ば (~하면)

   ㉔ たべる → たべれば(먹으면)

6. **명령형**: え단 + る → え단 + ろ(よ) (~해라)

   ㉔ たべる → たべろ(よ)(먹어라)

4) か행 변격 동사

1. **미연형**: こない(오지 않는다), こよう(오자, 오겠지)
2. **연용형**: きます(옵니다)
3. **종지형**: 기본형과 같습니다.
4. **연체형**: 기본형과 같습니다.
5. **가정형**: くれば(오면)
6. **명령형**: こい(오너라)

5) さ행 변격 동사

1. **미연형**: しない, せぬ(~하지 않는다), させる(시키다)
2. **연용형**: します(합니다)
3. **종지형**: 기본형과 같습니다.
4. **연체형**: 기본형과 같습니다.
5. **가정형**: すれば(하면)
6. **명령형**: しろ, せよ(해라)

2. 동사활용표

1) u동사

기본형	어간	미연형(《의지형》~ない. ~う)	연용형(ます)	종지형	연체형+체언	가정형 + ば	명령형
言う ^い	い	いわない(いおう)	いいます	いう	いう	いえば	いえ
行く ^い	い	いかない(いこう)	いきます	いく	いく	いけば	いけ
待つ ^ま	ま	またない(まとう)	まちます	まつ	まつ	まてば	まて
取る ^と	と	とらない(とろう)	とります	とる	とる	とれば	とれ
飛ぶ ^と	と	とばない(とぼう)	とびます	とぶ	とぶ	とべば	とべ

2) ru동사

◆ 상1단

기본형	어간	미연형(《의지형》~ない. ~う)	연용형(ます)	종지형	연체형+체언	가정형 + ば	명령형
着る ^き	き	きない(きよう)	きます	きる	きる	きれ	きろ
借りる ^か	か	かりない(かりよう)	かります	かりる	かりる	かりれば	かりろ
信じる ^{しん}	しん	しんじない(しんじよう)	しんじます	しんじる	しんじる	しんじれば	しんじろ
落ちる ^お	お	おちない(おちよう)	おちます	おちる	おちる	おちれば	おちろ

◆ 하1단

기본형	어간	미연형(《의지형》~ない. ~う)	연용형(ます)	종지형	연체형+체언	가정형 + ば	명령형
得る ^え	え	えない(えよう)	えます	える.	える	えれば	えろ
覚える ^{おぼ}	おぼ	おぼえない (おぼえよう)	おぼえます	おぼえる	おぼえる	おぼえれば	おぼえろ
見せる ^み	み	みせない(みせよう)	みせます	みせる	みせる	みせれば	みせろ
経る ^へ	へ	へない(へよう)	へます	へる	へる	へれば	へろ

3) 불규칙 동사

◆ カ행 변격동사

기본형	어간	미연형(〈의지형〉~ない, ~う)	연용형(ます)	종지형	연체형+체언	가정형+ば	명령형
来る	く	こない(こよう)	きます	くる	くる	くれば	こい

◆ サ행 변격동사

기본형	어간	미연형(〈의지형〉~ない, ~う)	연용형(ます)	종지형	연체형+체언	가정형+ば	명령형
する	す	しない/せぬ/させる	します	する	する	すれば	しろ/せよ

3. 형용사 활용표

기본형	어간	미연형(〈의지형〉~う)	연용형(~た, なる)	종지형	연체형+체언	가정형+ば	명령형
近い	ちか	ちかかろう	ちかかった ちかくなる	ちかい	ちかい	ちかければ	×
あつい	あつ	あつかろう	あつかった あつくなる	あつい	あつい	あつければ	×
おもい	おも	おもかろう	おもかった おもくなる	おもい	おもい	おもければ	×

4. 명사형용사 활용표

기본형	어간	미연형(〈의지형〉~う)	연용형(~た, ある, なる)	종지형	연체형+체언	가정형+ば	명령형
静かだ	しず	しずかだろう	しずかだった しずかである しずかになる	しずかだ	しずかだ	しずかならば	×
便利だ	べんり	べんりだろう	べんりだった べんりである べんりになる	べんりだ	べんりだ	べんりならば	×
きれいだ	きれい	きれいだろう	きれいだった きれいである きれいになる	きれいだ	きれいだ	きれいならば	×

5. 속담·관용어구

일본어	일본어 독음	해석
あいずをする	아이즈오 스루	눈짓하다, 신호를 보내다
はなよりだんご	하나요리 당고	겉치레보다 실리를 존중하는 예
あいたくちが塞(ふさ)がらない	아이따꾸찌가후사가라나이	하도 기가 막혀 말이 나오지 않는다
あいそをつかす	아이소오츠까스	정나미 떨어지다
あくびをする	아꾸비오스루	하품하다
泣(な)き面(つら)に蜂(はち)	나끼쯔라니하찌	우는 얼굴에 침 뱉기, 계속 불운이 겹치는 것
あしがでる	아시가데루	적자가 나다
石橋(いしばし)も卵(たた)いて渡(わた)る	이시바시모 타따이떼 와따루	돌다리도 두드려보고 건넌다
あせがでる	아세가데루	땀나다
相槌(あいづち)を打(う)つ	아이즈찌오우쯔	맞장구치다
味(あじ)もそっけもない	아지모솟께모나이	멋대가리 없다, 무미건조하다
息(いき)を抜(ぬ)く	이끼오누꾸	숨을 돌리다
後(あと)の祭(まつ)り	아또노마쯔리	소 잃고 외양간 고치기
見当(けんとう)がつく	켄또—가쯔꾸	짐작이 가다
小耳(こみみ)に挟(はさ)む	코미미니하사무	우연히 듣다
座(ざ)が白(しら)ける	자가시라께루	흥이 깨지다
耳(みみ)を澄(す)ます	미미오스마스	귀 기울이다
日(ひ)の目(め)を見(み)る	히노메오미루	햇빛을 보다, 세상에 알려지다
心(こころ)を許(ゆる)す	코꼬로오 유루스	방심하다
さじを投(な)げる	사지오 나게루	단념하다

일본어	일본어 독음	해석
四苦八苦(しくはっく)	시꾸핫꾸	온갖 고생
十人十色(じゅうにんといろ)	쥬-닝또이로	가지각색
大事(だいじ)を取(と)る	다이지오토루	신중을 기하다
つじつまが合(あ)う	츠지쯔마가아우	이치가 맞다
途方(とほう)にくれる	토호-니쿠레루	어찌할 바를 모르다, 망연자실하다
引(ひ)けを取(と)る	히께오토루	지다
水(みず)にながす	미즈니나가스	지난 일을 잊다
歯止(はど)めをかける	하도메오카께루	브레이크를 걸다
身(み)につける	미니츠께루	몸에 익히다
勿怪(もっけ)の幸(さいわ)い	못께노사이와이	우연한 행운
当(あ)てが外(はず)れる	아떼가 하즈레루	기대에 어긋나다
申(もう)しぶんがない	모-시붕가나이	더할 나위가 없다
埒(らち)が明(あ)かない	라찌가 아까나이	결말이 나지 않는다
もってこい	못떼꼬이	안성맞춤
腹(はら)が立(た)つ	하라가타쯔	화가 나다
水(みず)をさす	미즈오사스	훼방을 놓다
仕上(しあ)げが肝心(かんじん)	시아게가칸징	마무리가 중요하다
しゃくにさわる	샤꾸니사와루	부아가 나다. 화나다
気(き)がする	키가스루	~한 느낌이 들다
気(き)にする	키니스루	신경 쓰다

일본어	일본어 독음	해석
頭(あたま)が切(き)れる	아따마가키레루	머리가 좋다
山(やま)をかける	야마오카께루	요행을 바라다
馬(うま)が合(あ)う	우마가 아우	배짱이 맞다
高(たか)を括(くく)る	타까오 쿠꾸루	얕잡아 보다
腹(はら)を立(た)てる	하라오다떼루	화를 내다
袋(ふくろ)のねずみ	후꾸로노네즈미	독안에 든 쥐
ぼろを出(だ)す	보로오 다스	들통나다
目(め)の毒(どく)	메노도꾸	모르는 게 약
人目(ひとめ)をひく	히또메오 히꾸	남의 이목을 끌다
口(くち)を割(わ)る	쿠찌오 와루	자백하다
念(ねん)をおす	넹오오스	다짐하다, 확인하다
足(あし)もとをみる	아시모또오미루	약점을 간파하다
のっぴきならない	놋삐끼나라나이	어쩔 도리가 없다
舌(した)つづみを打(う)つ	시따쯔즈미오우쯔	입맛을 다시다
胡麻(ごま)をする	고마오스루	아첨하다
きりがない	키리가나이	한이 없다
けりがつく	게리가츠꾸	결말이 나다
気(き)をつける	키오쯔께루	정신차리다, 조심하다
口(くち)に合(あ)う	쿠찌니아우	입에 맞다
気(き)に入(い)る	키니이루	맘에 들다

일본어	일본어 독음	해석
顔(かお)をする	카오오스루	표정을 하다
首(くび)にする	쿠비니스루	해고하다
頭(あたま)から	아따마까라	처음부터
明(あか)るみに出(だ)す	아까루미니다스	밖으로 공개하다
青(あお)くなる	아오꾸나루	얼굴이 파리해지다
機転(きてん)がきく	키뗑가키꾸	재치있다
座(ざ)をはずす	자오하즈스	모임에서 사정상 먼저 나감
自腹(じばら)を切(き)る	지바라오키루	억지로 돈을 부담하다
薮(やぶ)から棒(ぼう)	야부까라보—	아닌 밤중에 홍두깨
目(め)に浮(うか)ぶ	메니우까부	눈에 선하다
目(め)がない	메가나이	좋아하다, 안목이 없다
脇目(わきめ)も振(ふ)らず	와끼메모후라즈	한눈 하나 안 팔고
地獄(じごく)の沙汰(さた)も金次第(かねしだい)	지고꾸노사따모카네시다이	세상 일은 돈만 있으면 된다
舌(した)を巻(ま)く	시따오마꾸	혀를 내두르다
漁夫(ぎょふ)の利(り)	교후노리	어부지리
下駄(げた)を預(あず)ける	게따오아즈께루	남에게 일임시키다
気(き)がつく	키가츠꾸	생각이 미치다, 정신이 들다
雲泥(うんでい)の差(さ)	운데—노사	천양지차
音頭(おんど)を取(と)る	온도오토루	선두에 서다
一笑(いっしょう)に付(ふ)する	잇쇼—니후스루	일절 문제 삼지 않다

히라가나
가타카나

 히라가나

	あ行	か行	さ行	た行	な行	は行	ま行	や行	ら行	わ行	ん行
あ段	あ [a]	か [ka]	さ [sa]	た [ta]	な [na]	は [ha]	ま [ma]	や [ya]	ら [ra]	わ [wa]	ん [ŋ]
い段	い [i]	き [ki]	し [si]	ち [chi]	に [ni]	ひ [hi]	み [mi]		り [ri]		
う段	う [u]	く [ku]	す [su]	つ [tsu]	ぬ [nu]	ふ [hu]	む [mu]	ゆ [yu]	る [ru]		
え段	え [e]	け [ke]	せ [se]	て [te]	ね [ne]	へ [he]	め [me]		れ [re]		
お段	お [o]	こ [ko]	そ [so]	と [to]	の [no]	ほ [ho]	も [mo]	よ [yo]	ろ [ro]	を [wo]	

 가타카나

	ア行	カ行	サ行	タ行	ナ行	ハ行	マ行	ヤ行	ラ行	ワ行	
ア段	ア [a]	カ [ka]	サ [sa]	タ [ta]	ナ [na]	ハ [ha]	マ [ma]	ヤ [ya]	ラ [ra]	ワ [wa]	ン [ŋ]
イ段	イ [i]	キ [ki]	シ [si]	チ [chi]	ニ [ni]	ヒ [hi]	ミ [mi]		リ [ri]		
ウ段	ウ [u]	ク [ku]	ス [su]	ツ [tsu]	ヌ [nu]	フ [hu]	ム [mu]	ユ [yu]	ル [ru]		
エ段	エ [e]	ケ [ke]	セ [se]	テ [te]	ネ [ne]	ヘ [he]	メ [me]		レ [re]		
オ段	オ [o]	コ [ko]	ソ [so]	ト [to]	ノ [no]	ホ [ho]	モ [mo]	ヨ [yo]	ロ [ro]	ヲ [wo]	

あ행

あ

あ [a:아] ア	い [i:이] イ	う [u:우] ウ	え [e:에] エ	お [o:오] オ

あ	あ あ あ	あさ [아사] 아침	あさ
い	あさ		
う	い い い	いし [이시] 돌	いし
え	いし		
お	う う う	うえ [우에] 위	うえ
	うえ		
	え え え	えき [에끼] 역	えき
	えき		
	お お お	おい [오이] 조카	おい
	おい		

활용단어	あい	사랑	いえ	집
	え	그림	うお	물고기

212

か	**き**	**く**	**け**	**こ**
[ka:카]	[ki:키]	[ku:쿠]	[ke:케]	[ko:코]
カ	キ	ク	ケ	コ

か	か	か	か	**かお** [카오] 얼굴	かお
				かお	
き	き	き	き	**きく** [키꾸] 국화	きく
				きく	
く	く	く	く	**くつ** [쿠쯔] 구두	くつ
				くつ	
け	け	け	け	**けしき** [케시끼] 경치	けしき
				けしき	
こ	こ	こ	こ	**こえ** [코에] 목소리	こえ
				こえ	

활용단어

かき	감	きん	금
くい	말뚝	ここ	여기

さ

さ	し	す	せ	そ
[sa:사]	[si:시]	[su:스]	[se:세]	[so:소]
サ	シ	ス	セ	ソ

さ	さ さ さ	さけ [사케] 술	さけ
		さけ	
し	し し し	しし [시시] 사자	しし
		しし	
す	す す す	すし [스시] 초밥	すし
		すし	
せ	せ せ せ	せき [세끼] 좌석	せき
		せき	
そ	そ そ そ	そら [소라] 하늘	そら
		そら	

활용단어

さかな	생선	あし	다리
せんせい	선생님	そこ	거기

た행 た

た [ta:타] タ	ち [chi:치] チ	つ [tsu:츠] ツ	て [te:테] テ	と [to:토] ト

た	た た た		**たつ** [타쯔] 서다	たつ
				たつ
ち	ち ち ち		**ちず** [치즈] 지도	ちず
				ちず
つ	つ つ つ		**つくえ** [츠꾸에] 책상	つくえ
				つくえ
て	て て て		**てら** [테라] 절	てら
				てら
と	と と と		**とし** [토시] 나이	とし
				とし

활용단어				
	たかい	높다	ちち	아버지
	て	손	おと	소리

215

な행

な	に	ぬ	ね	の
[na:나]	[ni:니]	[nu:누]	[ne:네]	[no:노]
ナ	ニ	ヌ	ネ	ノ

な	な な な	なつ [나쯔] 여름	なつ
			なつ
に	に に に	におい [니오이] 냄새	におい
			におい
ぬ	ぬ ぬ ぬ	ぬの [누노] 천	ぬの
			ぬの
ね	ね ね ね	ねこ [네꼬] 고양이	ねこ
			ねこ
の	の の の	のり [노리] 풀	のり
			のり

활용단어

なし	배	にく	고기
ねがい	소망	のり	김

216

は [ha:하] ハ	ひ [hi:히] ヒ	ふ [hu:후] フ	へ [he:헤] ヘ	ほ [ho:호] ホ

				はな [하나] 꽃	はな
は	は	は	は		はな
ひ	ひ	ひ	ひ	ひと [히또] 사람	ひと
					ひと
ふ	ふ	ふ	ふ	ふね [후네] 배	ふね
					ふね
へ	へ	へ	へ	へそ [헤소] 배꼽	へそ
					へそ
ほ	ほ	ほ	ほ	ほし [호시] 별	ほし
					ほし

활용단어

はは	(내)어머니	ひも	끈
へや	방	ほね	뼈

ま				まめ [마메] 콩	まめ
	ま	ま	ま		
				まめ	
み	み	み	み	みみ [미미] 귀	みみ
				みみ	
む	む	む	む	むかし [무까시] 옛날	むかし
				むかし	
め	め	め	め	め [메] 눈	め
				め	
も	も	も	も	もち [모찌] 떡	もち
				もち	

活용단어

まめ	콩	みそ	된장
むり	무리	めいし	명함

218

| や [ya:야] ヤ | | ゆ [yu:유] ユ | | よ [yo:요] ヨ |

や	や や や		やま [야마] 산	やま
			やま	
ゆ	ゆ ゆ ゆ		ゆき [유끼] 눈	ゆき
			ゆき	
よ	よ よ よ		よい [요이] 좋다	よい
			よい	

▶ や행의 「い」단과 「え」단은 あ행의 「い」단, 「え」단과 같다.

| 활용단어 | いや 싫다
よむ 읽다 | ゆめ 꿈
よる 밤 |

ら행 ら

| | [ra:라] ラ | [ri:리] リ | [ru:루] ル | [re:레] レ | [ro:로] ロ |

ら	ら ら ら			**さら** [사라] 접시	さら
					さら
り	り り り			**えり** [에리] 깃	えり
					えり
る	る る る			**さる** [사루] 원숭이	さる
					さる
れ	れ れ れ			**これ** [코레] 이것	これ
					これ
ろ	ろ ろ ろ			**ろば** [로바] 당나귀	ろば
					ろば

활용단어

さくら 벚꽃
はる 봄

りんご 사과
ろうか 복도

220

| | [wa:와] ワ | | [wo:오] ヲ | | [n:응] ン |

				わかい [와까이] 젊다	わかい
わ	わ	わ	わ		わかい
を	を	を	を	これを [코레오] 이것을	これを
					これを
ん	ん	ん	ん	はんたい [한따이] 반대	はんたい
					はんたい

わるい	나쁘다	わらう	웃다
わいろ	뇌물	わる	나누다

ア	イ	ウ	エ	オ
[a:아]	[i:이]	[u:우]	[e:에]	[o:오]

ア	ア	ア	ア	**アイスクリーム** [아이스꾸리–무] 아이스크림	アイスクリーム
					アイスクリーム
イ	イ	イ	イ	**イギリス** [이기리스] 영국	イギリス
					イギリス
ウ	ウ	ウ	ウ	**ウィスキー** [위스끼–] 위스키	ウィスキー
					ウィスキー
エ	エ	エ	エ	**エア** [에아] 공기	エア
					エア
オ	オ	オ	オ	**オアシス** [오아시스] 오아시스	オアシス
					オアシス

활용단어 | **アカシア** 아카시아 | **エレベーター** 엘리베이터

カ	キ	ク	ケ	コ
[ka:카]	[ki:키]	[ku:쿠]	[ke:케]	[ko:코]

カ	カ	カ	カ		**カメラ** [카메라] 카메라	カメラ
						カメラ
キ	キ	キ	キ		**キー** [키-] 열쇠	キー
						キー
ク	ク	ク	ク		**クッキー** [쿳끼-] 쿠키	クッキー
						クッキー
ケ	ケ	ケ	ケ		**ケーキ** [케-끼] 케이크	ケーキ
						ケーキ
コ	コ	コ	コ		**ココア** [코꼬아] 코코아	ココア
						ココア

활용단어

カカオ	카카오	**コーヒー**	커피

サ [sa:사]	シ [si:시]	ス [su:스]	セ [se:세]	ソ [so:소]

				サーカス [사-까스] 서커스	サーカス
サシスセソ	サ サ サ				サーカス
	シ シ シ			システム [시스떼무] 시스템	システム
					システム
	ス ス ス			スイス [스이스] 스위스	スイス
					スイス
	セ セ セ			セール [세-루] 세일	セール
					セール
	ソ ソ ソ			ソウル [소우루] 서울	ソウル
					ソウル

활용단어

サイクル 사이클   **スキー** 스키

タ	チ	ツ	テ	ト
[ta:타]	[chi:치]	[tsu:츠]	[te:테]	[to:토]

タ	タ	タ	タ		**タイ** [타이] 태국	タイ
					タイ	
チ	チ	チ	チ		**チータ** [치―따] 치타	チータ
					チータ	
ツ	ツ	ツ	ツ		**ツアー** [츠아―] 투어	ツアー
					ツアー	
テ	テ	テ	テ		**テーブル** [테―부루] 테이블	テーブル
					テーブル	
ト	ト	ト	ト		**トースト** [토―스또] 토스트	トースト
					トースト	

활용단어	**タバコ** 담배	**トイレ** 화장실	

ナ	ニ	ヌ	ネ	ノ
[na:나]	[ni:니]	[nu:누]	[ne:네]	[no:노]

ナ	ナ　ナ　ナ	**ナイフ** [나이후] 나이프	ナイフ
			ナイフ
ニ	ニ　ニ　ニ	**ニコチン** [니꼬찡] 니코틴	ニコチン
			ニコチン
ヌ	ヌ　ヌ　ヌ	**ヌード** [누-도] 누드	ヌード
			ヌード
ネ	ネ　ネ　ネ	**ネクタイ** [네꾸따이] 넥타이	ネクタイ
			ネクタイ
ノ	ノ　ノ　ノ	**ノート** [노-또] 노트	ノート
			ノート

활용단어　　**ナイトウエア**　나이트웨어　　**ヌードル**　누들, 국수

ハ	ヒ	フ	ヘ	ホ
[ha:하]	[hi:히]	[hu:후]	[he:헤]	[ho:호]

				ハーブ	ハーブ
ハ	ハ	ハ	ハ	[하-부] 허브	
					ハーブ
ヒ	ヒ	ヒ	ヒ	ヒール	ヒール
				[히-루] 힐	
					ヒール
フ	フ	フ	フ	ファン	ファン
				[환] 팬	
					ファン
ヘ	ヘ	ヘ	ヘ	ヘッド	ヘッド
				[헷도] 머리	
					ヘッド
ホ	ホ	ホ	ホ	ホテル	ホテル
				[호떼루] 호텔	
					ホテル

활용단어 | **ハイキング** 도보여행 | **ヘアスタイル** 헤어스타일

227

マ行

マ	ミ	ム	メ	モ
[ma:마]	[mi:미]	[mu:무]	[me:메]	[mo:모]

マ	マ	マ	マ	**マグマ** [마구마] 마그마	マグマ
					マグマ
ミ	ミ	ミ	ミ	**ミサイル** [미사이루] 미사일	ミサイル
					ミサイル
ム	ム	ム	ム	**ムード** [무-도] 무드	ムード
					ムード
メ	メ	メ	メ	**メキシコ** [메키시코] 멕시코	メキシコ
					メキシコ
モ	モ	モ	モ	**モスクワ** [모스쿠와] 모스크바	モスクワ
					モスクワ

활용단어 　マイク　마이크　　　メロン　메론

228

	[ya:야]		ユ [yu:유]		ヨ [yo:요]

					ヤクルト [야쿠루토] 야쿠르트	ヤクルト
ヤ	ヤ	ヤ	ヤ			ヤクルト
ユ	ユ	ユ	ユ		ユネスコ [유네스코] 유네스코	ユネスコ
						ユネスコ
ヨ	ヨ	ヨ	ヨ		ヨット [욧토] 요트	ヨット
						ヨット

▶ ヤ행의 「イ」단과 「エ」단은 ア행의 「イ」단, 「エ」단과 같다.

 활용단어

インスタント 인스턴트	ユニホーム 유니폼

ラ행

ラ

ラ	リ	ル	レ	ロ
[ra:라]	[ri:리]	[ru:루]	[re:레]	[ro:로]

ラ	ラ	ラ	ラ		**ライオン** [라이옹] 사자	ライオン
					ライオン	
リ	リ	リ	リ		**リボン** [리봉] 리본	リボン
					リボン	
ル	ル	ル	ル		**ルーマニア** [루–마니아] 루마니아	ルーマニア
					ルーマニア	
レ	レ	レ	レ		**レモン** [레몽] 레몬	レモン
					レモン	
ロ	ロ	ロ	ロ		**ロシア** [로시아] 러시아	ロシア
					ロシア	

활용단어   ラーメン　라면　　　レベル　레벨

230

ワ	ヲ		ン	
[wa:와]	[wo:오]		[n:응]	

				ワイン	ワイン
ワ	ワ	ワ	ワ	[와잉] 와인	
				ワイン	
ヲ	ヲ	ヲ	ヲ		

				パン	パン
ン	ン	ン	ン	[팡] 빵	
				パン	

メモ用紙